T0024455

Dedicated to

Suzanne, Calla, & Meryl

Acknowledgments

I would like to thank each and every one of the more than half a million people who have visited my website, *www.funster.com*, to play word games and puzzles. You have shown me how much fun puzzles can be and how addictive they can become!

It is a pleasure to acknowledge the folks at Adams Media who made this book possible. I particularly want to thank my editor, Lisa Laing, for so skillfully managing the many projects we have worked on together.

Contents

Introduction / 9

Puzzles / 11

Answers / 313

Introduction

The puzzles in this book are in the traditional word search format. Words in the list are hidden in the puzzle in any direction: up, down, forward, backward, or diagonally. The words are always found in a straight line and letters are never skipped. Words can overlap. For example, the two letters at the end of the word "MAST" could be used as the start of the word "STERN." Only uppercased letters are used, and any spaces in an entry are removed. For example, "TROPICAL FISH" would be found in the puzzle as "TROPICALFISH." Apostrophes and hyphens are also omitted in the puzzles. Draw a circle around each word that you find. Then cross the word off the list so that you will always know which words remain to be found.

A favorite strategy is to look for the first letter in a word, then see if the second letter is in any of the neighboring letters, and so on until the word is found. Or instead of searching for the first letter in a word, it is sometimes easier to look for letters that stand out, like *Q*, *U*, *X*, and *Z*. Double letters in a word will also stand out and be easier to find. Another strategy is to simply scan each row, column, and diagonal looking for any words.

Puzzles

ACCURACY
AIM
AMERICAN
ARROWS
BAR
BEER
BULLS EYE
CIRCULAR
COMPETITIONS
CRICKET
DARTBOARD
DOUBLING OUT
DRINKING
ERIC BRISTOW
FIVES
HITS
INNER BULL
IRIS
JUMPERS
LEG
NODOR
OCHE
OUTER BULL
PHIL TAYLOR
PLAYERS
PUB GAME
SPORT
STANDARDIZED
TARGET
TED HANKEY
THROWING
TOURNAMENTS
TRINA GULLIVER
UNITED KINGDOM
WALL

A Game of Darts

I P B B D A R T B O A R D S
T D E Z I D R A D N A T S W
O R R Y T H R O W I N G E O
U N I T E D K I N G D O M R
R Y C N T S R E P M U J A R
N C B A A I L O H D S T G A
A A R C R G C L M O T E B L
M R I I G H U I U U I D U U
E U S R E Y A L P B H H P C
N C T E T Q B H L L B A R R
T C O M P E T I T I O N S I
S A W A E R O D O N V K P C
E I D R I N K I N G W E O K
V L L U B R E T U O A Y R E
I B E I N N E R B U L L T T
F Y A G R O L Y A T L I H P

Solution on Page 314

ASIA
BLOUSE
CHINESE
CLOTHING
COCOONS
DRESS
DYED
FABRIC
FASHION
FIBERS
INSECTS
JAPAN
KIMONO
LARVAE
LIGHT
LINGERIE
LUXURY
MATERIAL
MULBERRY
PATTERN
POPULAR
PROTEIN
QUALITY
ROBE
SATIN
SCARF
SHEETS
SHIMMER
SKIRT
SMOOTH
SOFT
SPIDER
STRONG
SUIT
TEXTURE
THREAD
TIES
TRADE
WEAVING
WOVEN

Silk

L I G H T O O M S S E R D R
S K I R T F D P V T D K A E
T B M T E X T U R E E C E D
R L Q U A L I T Y O L E R I
A O A A L L U D F O T S H P
D U I I S B S R T O L E T S
E S I Q R H E H G P S N I G
A E N N E E I R E G N I L N
B A E R S N T M R P F H S I
J V V E G E G A M Y A C T V
A R O T L F C X M E B O R A
P A W T U S A T I N R C O E
A L Q A X X F A S H I O N W
N P O P U L A R H O C O G R
G S C A R F E K I M O N O S
P T M B Y D F I B E R S S N

Solution on Page 314

BARREN
BIRDS
BOOTS
BRIGHT
CABIN
CALM
CHILLY
COAT
COLD
CRUNCHY
DECEMBER
DORMANT
DRIFTS
ELK
EMPTY
FIR TREE
FOREST
FROZEN
GLOVES
HOLLY
ICICLES
LIGHTS
MOOSE
NATURE
OUTDOORS
PARK
PEOPLE
POND
QUIET
RABBITS
RANGER
SCARF
SERENE
SILENCE
SLEIGH
VALLEY
WEATHER
WHITE
WIND
WOODS

Winter Scene

H S C A U F R A C S W D S D
B D R Y B B I R D S R N E B
U O U T D O O R S T E I U Q
Z O N P N E Y Y T E B W C S
Z W C M K S L D O R M A N T
P D H E R L L K O U E S U I
U N Y F O E I T B T C E V B
O O D H I I H C J A E L A B
M P N R W G C T C N D C L A
H L A H I H V T A N Y I L R
Q S I R P F S I L E N C E R
J T B M K E T G M R W I Y A
E H A O R L O S F R O Z E N
T G L O V E S P C A B I N G
M I F S C O L D L B X E Z E
S L M E E E N E R E S E H R

Solution on Page 314

ABSTRACT
AMERICAN
ANIMALIERS
ART
BRONZE
BUILDINGS
CERAMIC
CLAY
COMMISSION
CRAFT
CULTURE
DECORATION
FOLK
FURNITURE
GALLERY
HOMEGROWN
HONOR
LANDSCAPE
LIBERTY
LINCOLN
MEMORIAL
METAL
MINIMALISM
MONUMENT
MOUNTAIN
PORTRAITS
REALISM
REMINGTON
ROMANTIC
RUSHMORE
SCULPTOR
SHOW
STATUE
TOOLS
TOYS
WILDLIFE
WOOD

Sculpture of the United States

R D E N W O R G E M O H K D
O E E P O R T R A I T S I O
T Z A C M O U N T A I N S O
P N C L O T C A R T S B A W
L O W L I R E M I N G T O N
U R S N A S A H N E A H C M
C B R P K Y M T O N S A E O
S U M S I L A M I N I M R N
F I C L A T E M S O O E A U
G L U E U T A T S R N R M M
A D L W I L D L I F E I I E
L I T C I T N A M O R C C N
L N U E F O L K M C R A F T
E G R R U S H M O R E N G O
R S E L A N D S C A P E O Y
Y T R E B I L I N C O L N S

Solution on Page 314

ALLERGIES
ANIMALS
APRIL
AUTUMN
BIRTH
BLOOMING
BLOSSOM
CLIMATE
COLORFUL
CROCUSES
DAFFODILS
EARTH
EASTER
EQUINOX
FALL
FESTIVALS
FLOWERS
GRASS
GREEN
GROWTH
HOT
KITE
LEAVES
LENT
MARCH
MAY DAY
MELT
NATURE
NEW LIFE
PLANTS
RAIN
RENEWAL
SEASON
SUMMER
SUNSHINE
THAW
TULIPS
WARMTH
WEATHER
WINTER

Spring Is Here

H W A H T O H L B I R T H G
T S I X R S E L E A V E S R
M U A N E N O S A E S V F A
R M U G T S E F I L W E N S
A M T R S E E N I H S N U S
W E U O A I R N A T U R E N
K R M W E G G N I M O O L B
I E N T E R W V T U L I P S
T H Y H P E A Z C G R E E N
E T A M I L C P O M A R C H
Q A D E S L L S L A M I N A
U E Y A D A F F O D I L S A
I W A R N L D S R E W O L F
N O M T L E M Y F R A I N A
O S S H D S E S U C O R C L
X A R E N E W A L I R P A L

Solution on Page 315

ADULT
BABIES
BEES
BOSS
BREED
BUZZ
COLONY
COMB
DIES
DOMINANT
DRONE
EGG
FEMALE
FERTILIZE
FIGHTING
FLY
HIVE
HONEY
JELLY
KEEPER
LARGE
LEADER
MATE
MOTHER
ONLY ONE
PHEROMONE
PIPING
PROTECTED
QUEEN CUPS
REPRODUCE
ROYAL
RULER
SIZE
SPECIAL
STATUS
STING
VIRGIN
WAX
WING
YELLOW

Queen Bee

F L M M E B W W K D I E S M
W R E X O H I V E R E L U R
M M C S Z T S P E C I A L R
F T S O R B H P P I P I N G
I A D U L T R E E B E D Y N
G S L A Y O R X R N E Z I S
H E P E D L N P O E D E U Z
T E N U L M F Y R E D T S W
I N C O C A L B T G A A I O
N E A B M N M C S T E N E L
G V U N O O E E S W G Y G L
E Z I L I T R E F D R O N E
Z G E R O M I E U H A M I Y
V L G R G B O H H Q L A T X
M X P F A I B D P P X T S A
C O M B H O N E Y L L E J W

Solution on Page 315

AIR
BABIES
BALLOON
BIRDS
BREAD
BUBBLE
BUTTON
CLOUDS
CORK
COTTON
DUST
FEATHER
FLOWER
FLUFF
FOAM
GAUZE
GLOVES
GRASS
HELIUM
INSECT
KITE
KLEENEX
LEAF
LINT
MAKEUP
NAPKIN
PEN
PILLOW
PUPPY
SAND
SATIN
SEED
SILK
SMOKE
SOCKS
STEAM
STRAW
THREAD
TISSUE
VAPOR

Lightweight Things

W P E P U E K A M P B B H X
A F B S O C K S B U U W C K
B E N Y I Q E A B T I O R I
M A E T S V B B T S I L K F
U T L H O I L O R I A L E W
W H K L E E N E X O I I W H
Q E G S O C K U Z Y P P U P
B R D C L O U D S U S A N D
F T O B M T N I K P A N V V
B R C S F T H R E A D G Q I
K X R E W O L F F U L F N D
R D E E S N A M R C Z G B U
C V T A D N K M S W A R T S
P O T N R T I S S U E A R T
E I E T I K U L E A F S C B
N D C P B L X E D L B S Z C

Solution on Page 315

ALCOHOL
ANTIBIOTIC
ASPIRIN
BANDAGES
BLANKET
BLEEDING
BLOOD
BOX
BURNS
CAMPING
CARE
CLEAN
CREAM
CUT
EMERGENCY
GAUZE
GLOVES
HEALTH
HELP
HOME
HOSPITAL
IODINE
LIFE
MASK
MEDICINE
OINTMENTS
RED CROSS
SAFETY
SALINE
SAVING
SCISSORS
SPLINTS
STERILE
SUPPLIES
SURVIVAL
SWABS
TWEEZERS
WORK
WOUNDS
WRAP

First Aid

U S D N U O W O R K L V D B
G A U Z E I C P A R W I H A
G L O V E S R S W A B S F T
N I E L I R E T S L E S S E
I N A M C O A N E C M T U K
V E F N A S M E R O O N R N
A Y T M T S D M E H H I V A
S T W U U I K T D O E L I L
N E E P N C B N C L L P V B
R F E G A S N I R I P S A I
U A Z N E B L O O D E N L O
B S E I L P P U S T D J J D
O E R P C U T H S A I P Z I
X E S M E M E R G E N C Y N
H T L A E H M E D I C I N E
E R A C H O S P I T A L O F

Solution on Page 315

ALPHABET
ART
AUTHOR
BIBLE
BLOCK
BOOK
CLOTH
COPY
DESIGN
DEVICE
EDIT
FAST
FONT
FORME
FRISKET
GUTENBERG
INK
JOURNALISM
KNOWLEDGE
LEAD
LETTER
LITERACY
MASS
MECHANICAL
MODERN
MOVABLE
NEWS
PAGES
PAPER
PLATE
PRESSURE
PUBLISH
ROLL
SPEED
SURFACE
TEXT
TRANSFER
TYMPAN
TYPE
WORDS

Printing Press

C X W N D N I L G M B P G T
W L J Y U E G D E L W O N K
O X O O Z T R A N S F E R O
R O H T U A E R K C O L B O
D D X F H R B T F O N T I B
S M E C H A N I C A L E B S
X S O E U O E A L D S X L P
H P A W P C T L L E T T E R
Y S S M I S U P O I I I Y F
T Y I V T P G H R D S C T O
Y E E L A Y D A E L A M Y R
M D O G B H P B N R E D O M
P R E S S U R E E P L A T E
A S R E P A P T E K S I R F
N W T D E S I G N E W S N E
M O V A B L E C A F R U S K

Solution on Page 316

ALGAE
ANIMAL
ARCHAEA
BACTERIA
BIOLOGY
BOTANY
CATEGORIES
CELL
CHROMISTA
CLASS
DIVIDED
DIVISION
DOMAIN
EMPIRES
EVOLUTION
FAMILY
FUNGI
GENUS
GROUP
HIERARCHY
HISTORY
KINGDOM
LATIN
LIFE
MONERA
ORDER
ORGANISM
ORIGIN
PHYLA
PLANT
PROTISTA
RANK
RESEARCH
SCIENCE
SPECIES
SYSTEM
TAXONOMY
TREE
ZOOLOGY

Biology Kingdom

C H R O M I S T A R E N O M
A E F I L L E C N E I C S D
T Q N Q P H Y L A M I N A P
E V O L U T I O N S U N E G
G S I B A C T E R I A C K B
O P S Y S T E M R N G S N I
R E I F A M I L Y A G I A O
I C V O H C K N M G R H R L
E I I A T S I T O R P C C O
S E D N B A M Y N O H R H G
H S A E M O G R O U C A A Y
I L W O D O U O X P L E E N
P G D G L I R T A T A S A A
S L N O Z D V S T R S E G T
Y I O U E M P I R E S R L O
K Z H R F R A H D E J M A B

Solution on Page 316

ANCHOR
ANVIL
BED
BOATS
BOULDER
BOXES
BRICK
BUS
CAR
CEMENT
COAT
CONCRETE
COUCH
DESKS
ELEPHANT
FORKLIFT
FRIDGE
GOLD
GUILT
HEART
HORSES
IRON
LEAD
LOGS
LUGGAGE
METAL
PIANO
PLANES
RHINO
SHIP
SOFA
STEEL
STOVE
TABLE
TANKS
TIRES
TRAIN
TRUCK
WASHER
WHALE

Heavy Things

U Y K C U R T U J R C B P B
C T F L K N I A R T O I O P
S T O V E I R S O F A A A L
U G R A L C E M E N T N U A
S S K S E D S T O S C G A N
I G L T R A E H O H G N L E
G U I L T R C H O A V Y A S
O V F J C U S R G I K V L T
L R T N A H P E L E C B N E
D A O S C W G D X B I O E E
E C L E A D L L P O R K C L
B S A S I S J U A I B B K A
G K W R H C U O C T H U V H
V N F O E E L B A T E S S W
W A S H E R H I N O J M E T
M T N L V P S H L O X L I U

Solution on Page 316

ANIMAL
BALD
BEAK
BIRD OF PREY
BROWN
CHICKS
DDT
DIET
EAGLES
EGGS
EMBLEM
ENDANGERED
FEATHERS
FISH
FLIGHT
FLYING
FREE
GREAT SEAL
HABITAT
HUNT
LARGE
NESTING
PLUMAGE
POWERFUL
PREDATOR
PROTECTED
QUARTER
RAPTOR
RARE
REGAL
SKY
SOAR
SPECIES PAIR
SYMBOL
TALONS
TREE
USA
WHITE HEAD
WILDLIFE
WINGSPAN

Bald Eagle

Z E G G S E L G A E G R A L
H U N T P M E R A R E G A L
E C A D E R E G N A D N E B
E R P P C H I C K S I Y A R
R A S L I M E L B M E L E O
T P G U E E R F A R D T Q W
P T N M S D K L P D R T M N
K O I A P U E F B A D H F R
X R W G A S O T U E D G E O
O G K E I D N Q C H T I A T
H T A G R E A T S E A L T A
R A E I S F T S I T T F H D
A L B T H W U D U I I O E E
O O I G N I Y L F H B Y R R
S N E F I L D L I W A E S P
G S K Y L O B M Y S H S I F

Solution on Page 316

BIG
BROAD
CHUBBY
CIRCLE
COLOSSAL
CROOKED
CURVED
DEEP
DIAMOND
ELLIPSE
FAT
FLAT
GREAT
HEXAGON
HIGH
HOLLOW
HUGE
IMMENSE
JUMBO
LARGE
LITTLE
MAMMOTH
MASSIVE
NARROW
OCTAGON
OVAL
PETITE
PUNY
ROUND
SCRAWNY
SHALLOW
SHORT
SKINNY
SMALL
SQUARE
STAR
STEEP
TALL
TINY
WIDE

Descriptions

P I N H U G E L W Y N E B O
U G L H N D L L O O J C E I
N E G R E A T S T A R I G W
Y I E X M O P E E T S R R Q
H N Y S C R A W N Y I C A X
O O N H P B P S G L I L L N
O C E I D I M M E N S E M P
S N R R K I L F S Q U A R E
C O L O S S A L O B M U J E
M G F U O O H M E M N H D D
K A A N O K C A O S H O R T
T X S D W H E T L N F L O L
U E G S U W H D A L D L V L
T H I B I D E A I G O O A A
R T B D E V R U C W O W L T
J Y E T I T E P Q T I N Y Q

Solution on Page 317

APRIL
BASKET
BONNET
BUNNY
CHILD
CHURCH
COSTUME
CUTE
DYE
EARS
EASTER
EGG
FAMILY
FLOWERS
FOLKLORE
FUN
GAMES
GIFTS
GRASS
HARE
HIDE
HOP
HUNT
JELLY BEANS
KIDS
MYTH
PASTELS
PRETEND
RABBIT
SPRING
SUNDAY
SURPRISE
SYMBOL
TAIL
TOY
TRADITION
TREATS
WHITE

Easter Bunny

D Y Y I K B I J O L K F M F
R D S G G E T U C E I F V J
R H L F A M I L Y A D N U S
K I E S F L O W E R S S L N
L D T R A D I T I O N I E W
I E S G A K T E K S A B N M
R R A Y W B D N E T E R P K
P A P Y Y H B G U M B Y F Q
A H O L N H I I U H Y O D Z
S T B O N N E T T D L I H C
E Y S B U P S Q E K L O L G
Q M S M B O E Z L L E O N I
U H A Y C H A O C A J I C F
K X R S H C R U H C R X N T
U X G A M E S I R P R U S S
K L T T R E A T S Q E Z K P

Solution on Page 317

AGE
ALCOHOL
BLANC
BOTTLE
BRUT
BUBBLY
CELLAR
CHEERS
CLEAR
CORK
CRISTAL
DATE
DRY
FANCY
FERMENT
FESTIVE
FINE
FLUTE
FRANCE
GLASS
GRAPES
ICE
ITALY
LABEL
LIQUID
LOVE
LUXURY
MIMOSA
PARTY
PINK
POP
QUALITY
RED
ROSE
SWEET
TIPSY
TOAST
VINE
WHITE
WINE

Champagne

M Y K X A B D E R T O A S T
I C E S Y A Q Y E T I H W W
E N P R T T T R M S E P O P
G A D E S E K U I Q O E S L
K F Z E E I E X M U G R W Y
H R R H A V I U O A R R E A
P A L C O H O L S L A L E H
P N F L U T E K A I P I T R
L C L E A R N V X T E Q N A
R E A N B I Z Z I Y S U E L
G N B I P A R T Y T C I M L
D I E V S S A L G I S D R E
P W L N J P B O T T L E E C
X M K L I B L A N C U S F Q
G J I J U F L P T S K R O C
X Z F B D Y U D K U C J B F

Solution on Page 317

ALL
BELL
BULL
CELL
COAL
COOL
DEAL
DIAL
DOLL
DULL
EVIL
FAIL
FEEL
FELL
FOOL
FOUL
FUEL
FULL
GIRL
GOAL
GULL
HAIL
HAUL
HEEL
HELL
ILL
JAIL
MAIL
MEAL
NAIL
OIL
ORAL
OVAL
OWL
PAIL
PEEL
POOL
PULL
RAIL
REAL

Ends with an *L*

F G I R L F D A L D N F E U
L A V A I K O O X U E V E L
Q L I J A R O O L L I F L A
I D E L J C V F L L E U F E
C I E H O R E A A W G L S M
G E Q A A E Q M R L F L M I
Q Y L I L L L I O D O A I S
U Z L L U B E J B V I O B R
K C L O A W C E H L A G P S
D E F I H E Q P H I P L E G
B R H A O I Z E L A E R H H
R Z C H Q W V E I N A E D A
J K T S H I L L B Q O V R W
R B I T Q K L Y S Y P B M S
S Z U N K U P M O X C N A E
M E Z K P Z L W B Y F N R V

Solution on Page 317

ACTIVITIES
ADULTS
ASSOCIATION
BASKETBALL
BODY
BOYS
BUILDING
CAMPING
CENTER
CHILDREN
CHRISTIAN
CLASSES
CLUB
COMMUNITY
DIRECTOR
EXERCISE
FAMILY
FITNESS
FUN
GIRLS
GROUP
HEALTHY
HELP
JOIN
KIDS
LEAGUES
LOCAL
MEMBERSHIP
MIND
MOVEMENT
NONPROFIT
POOLS
PROGRAMS
SPIRIT
SPORTS
THEY
VOLUNTEER
YOUNG MEN
YWCA

At the YMCA

Y B P L T M D I R E C T O R
O L C S H E A L T H Y W C A
U A A P E M B A I B O Y S H
N C M I Y B O L E A G U E S
G O P R M E D J X S C F S Y
M L I I I R Y O E K E E Y T
E A N T E S T I R E N S L I
N D G N A H T N C T T M I N
B U I L D I N G I B E A M U
S L F F V P C F S A R R A M
E T K I D S O O E L G G F M
S S T S T R O P S L O O P O
S C A U P N A I T S I R H C
A O T N E M E V O M A P E L
L V O L U N T E E R Q Z L U
C N P U O R G I R L S K P B

Solution on Page 318

AFRICAN BUSH
AFRICAN FOREST
ASIAN ELEPHANT
BABY
BIG
CALVES
CIRCUS
DUMBO
EARS
ELEPHANTIDAE
ENDANGERED
FEET
GRASSLANDS
HANNIBAL
HEAVY
INTELLIGENCE
IVORY
JUMBO
LOXODONTA
MAMMALS
MAMMOTHS
MEMORY
PACHYDERM
POACHERS
PROBOSCIDEA
SAFARI
SIZE
SKIN
SMART
TAIL
TEETH
TRUMPET
TRUNKS
TUSKS
WALK
WATER
WILDLIFE

Giant Elephants

S R E H C A O P W W L S Q S
E L E P H A N T I D A E R K
C I T O E F Y M L U B V D N
N H U B A R R A D M I L E U
E R S M V I O M L B N A R R
G E K U Y C V M I O N C E T
I T S J B A I A F G A S G A
L A S I A N E L E P H A N T
L W G G B F A S I X T F A N
E P R O B O S C I D E A D O
T Y S U C R I C I A E R N D
N R R I T E P M U R T I E O
I O A T N S M A R T F A Z X
K M E S H T O M M A M A I O
S E S D N A L S S A R G S L
F M R E D Y H C A P K L A W

Solution on Page 318

ASTROLABE
COMETS
CONSTELLATIONS
DARK
DIGITAL
DISPLAY
DOMES
EARTH
EDUCATIONAL
ENTERTAINING
HEAVENS
LASERS
MILKY WAY
MODEL
MOON
MUSEUMS
NIGHT SKY
OBSERVATORY
ORRERY
PLANETARIUM
PRESENTATION
PROJECTORS
ROOM
SCIENCE
SHOWS
SIMULATION
SOLAR SYSTEM
SPACE
STARS
SUN
TECHNOLOGY
THEATERS
UNIVERSE
ZEISS

At a Planetarium

G S S M U E S U M S W O H S
L N S T E C H N O L O G Y P
A O I U S T E M O C N P E R
T I E N N O S S N I R L D O
I T Z P I I R Y G E A E U J
G A Y C L A V H S S H D C E
I L A R T A T E E R X O A C
D L W S O S N R R A A M T T
L E Y C K T S E E S V L I O
S T K Y A R A Y T T E E O R
C S L T O O A V R A N U N S
I N I O E L E D R E R E A S
E O M S P A C E I E R I L R
N C U S R B D O M E S R U B
C N I T H E A T E R S B O M
E D H F S I M U L A T I O N

Solution on Page 318

ADVERTISING
ARTICLES
AUDIENCE
BIAS
BLOGS
BOOKS
CABLE
COMMERCIAL
COMPUTER
DOCUMENT
ELECTRONIC
FACTS
FILMS
INFORMATION
INTERNET
JOURNALIST
LARGE
MAGAZINES
MARKETING
MEDIA
MOVIES
MUSIC
NEWSPAPERS
PAPARAZZI
PODCAST
POLITICS
PRESS
PROGRAMMING
PROPAGANDA
RADIO
TELEVISION
VIDEO
WEB
WRITER

The Media

C I S U M D O C U M E N T T
C M A G A Z I N E S L G S S
A A M D P M E D I A N P I A
B R O M V C M M I I L F L C
L K V I D E O C M B K Y A D
E E I N F O R M A T I O N O
C T E F P E A T P S S E R P
N I S E M R E R I U W F U O
E N N M G N O Z T S T F O L
I G O O R R Z P P I I E J I
D C R E R A A A A L C N R T
U P T A R T P L M G P L G I
A N D A Q E C S T C A F E C
I I P W R I T E R A Z N P S
O A E S K O O B L O G S D U
P B G N O I S I V E L E T A

Solution on Page 318

ALUMNI
AUTUMN
BALL
BAND
BONFIRE
COLLEGE
COURT
CROWN
CULTURE
DANCE
DATE
DRESS
EVENT
FALL
FLOAT
FORMAL
FRIENDS
GAME
KING
MUSIC
OCCASION
PARTY
PAST
PEP
PICNIC
PRINCE
PROM
QUEEN
RALLY
RETURN
REUNION
ROYALTY
SCHEDULE
SCHOOL
SPORTS
STUDENTS
TAILGATE
TICKETS
WEEKEND
WELCOME

Homecoming

J B W O H J E Y N W F E Z K
P A W E L C O M E Y O Z I V
R N W O R C U E E N R N X Q
I D A N I T K Y U R M Y L Y
N O I N U E R T Q U A T L R
C S C A N R T R L T L L A J
E I C D P I K A F E A A F S
P O S H R F F P G R N Y V F
S E C U O N A Z G L O O C Q
S T G U M O S D N E I R F O
E E U E L B L L A B S A E G
R T M D L T R U O C A T T N
D A N C E L U D E H C S A I
G O I J J N O R S E C A D K
N L E V E N T C E G O P E P
E F S T R O P S T E K C I T

Solution on Page 319

ACETIC
ACID
AGED
APPLE
AROMA
BALSAMIC
BITTER
BOTTLE
CHIPS
CLEAN
COCONUT
CONDIMENT
COOKING
DISTILLED
DOMESTIC
ETHANOL
FERMENTED
FLAVOR
FOOD
FRUIT
INDUSTRIAL
KITCHEN
LIQUID
MALT
MARINADES
MEDICAL
MOTHER
OIL
PICKLE
RED
RICE
SALT
SHERRY
SMELL
SOUR
TART
TASTE
WATER
WHITE
WINE

Vinegar

S F T R A T L A M Z E E W B
G O R T A S T E G M N C M K
P O U E L P P A C E T I C A
A D M R D W T I H D D R R B
C O O K I N G C H I Q O O E
F E R M E N T E D C M T V L
W H I T E I L I V A T S A K
H S D C K S S D C L C E L C
L M H U I T T O E B O D F I
I O D E I M N I I E C A R P
Q T N L R D A T C D O N U U
U H L A I R T S U D N I I C
I E L M H E Y H L A U R T W
D R E C R T Q Q E A T A L W
T N M S D A E L I O B M A N
T Z S V E W C W I N E K S W

Solution on Page 319

ART
BRAIN
BUILDING
CONCEPTUAL
CRAFT
CREATE
DANCE
DESIGN
DIFFERENT
DRAW
EXPRESSION
FUN
GENIUS
GIFT
IDEA
IMAGINATION
INSIGHT
INVENTION
MUSIC
NEW
NOVEL
ORIGINAL
PAINT
POET
PROCESS
PRODUCT
SCIENCE
SCULPTURE
SOLUTION
SPECIAL
STORY
TALENT
TECHNOLOGY
THEATER
THINKING
THOUGHT
UNIQUE
UNUSUAL
VISION
WRITER

Creativity

P O T N E R E F F I D E W Y
A Z Y G O L O N H C E T A R
I X E O R I G I N A L A R O
N T U T Z M S N G I S E D T
T L Q S H A T S I L C R A S
F A I C C G P H E D U C N N
A U N D O I U R E R L M C I
R S U O E N E O O A P I E A
C U S T I A C N H D T X U R
L N I E H T O E C T U E E B
A U U R C I N T P E R C R R
I G I F T O N E A T E A T E
C I S U M N R K V L U F H T
E W L E V O N P I N E A U I
P O E T V I S I O N I N L R
S U I N E G I N S I G H T W

Solution on Page 319

ACTION
AIM
AMMUNITION
ARENA
ATTACK
BATTLE
COMBAT
COURSE
DEFENSE
EXTREME
FIELD
FRIENDS
FUN
GAMES
GEAR
GOGGLES
GUNS
HIDE
HOPPER
HURT
KIDS
LEAGUES
MARKERS
MASKS
OPPONENT
OUTDOORS
PELLETS
PLAYERS
RAMPING
RULES
RUNNING
SPLATTER
SPORT
TARGET
TEAMS
VEST
VIOLENT
WAR
WIPING
WOODS

Paintball Fun

I G E A R E P P O H S D I K
Q N S D N E I R F A R E N A
V I O L E N T H D L E I F L
E P S R O O D T U O Y B R E
S I D E Z E P E A D A U S A
T W S K S A M P F L L V E G
Q Q T R O P S Z O E P J M U
R X U G U N S P S N N S A E
T O Q E W N T H I D E S G S
C E A M M U N I T I O N E T
W F G E A C T I O N I L T E
O M A R K E R S N P G A L L
O A T T A C K U M G B T O L
D N R X R T F A O M T G Y E
S M A E T U R G O A I M Y P
U X W L W S H C B F T W U Z

Solution on Page 319

ATHLETIC
BRAND
BUTTON
CASUAL
CLASSIC
CLOTH
COLOR
COMFORT
COTTON
DESIGN
EMBLEM
EMBROIDERED
EXPENSIVE
GOLF
JEANS
KNIT
LACOSTE
LOGO
LOOSE
MEN
PANTS
PLACKET
POCKET
PONY
PREPPY
PROFESSIONAL
RALPH LAUREN
SHIRT
SLACKS
SLEEVE
SPORTS
STYLE
TENNIS
UNIFORM

Polo Shirt

O Z G C M S F H T O L C A W
T U A K O G O L A C O S T E
E N S A J S P O R T S N H K
K I R S I N N E T S T Y L E
C F O E M B R O I D E R E D
O O L J E A N S C C C A T N
P R O F E S S I O N A L I A
R M C L N V S M Y L S P C R
E W T O L S F B S S U H H B
P S E G A O L U L H A L P H
P L K L R E O T A I L A C Y
Y E C T M V O T C R N U Z F
N E A B Y Y S O K T W R F T
O V L E X P E N S I V E I O
P E P C B V D E S I G N T K
M W S T Q C N M T D K E L S

Solution on Page 320

BEACHES
CARNIVAL
CONEY ISLAND
COTTON CANDY
DISNEY
EAST COAST
EXPENSIVE
FAMILIES
FERRIS WHEEL
FISHING
FOOD
FUN
GAMES
HOTELS
ICE CREAM
OCEAN CITY
OCEANFRONT
PEDESTRIANS
PEOPLE
PIER
PIZZA
PLANKS
RESTAURANTS
RIDES
RIVERWALK
SANTA CRUZ
SEASIDE
SNACKS
STROLLING
TOURISTS
VIEW
WALKWAY
WATERFRONT

Boardwalk

O R I V E R W A L K W A Y U
C S T N O R F R E T A W P S
E D S L E T O H E R O O E T
A G N I H S I F H E C E O R
N B E A C H E S W S E D P O
F O O D L N U F S T A I L L
R P E D E S T R I A N S E L
O P I Z Z A I E R U C A X I
N S K C A N S Y R R I E P N
T S A O C T S A E A T S E G
Y L S K N A L P F N Y K N A
E Y D N A C N O T T O C S M
N I C E C R E A M S S C I E
S T S I R U O T R E I P V S
I W E I V Z F A M I L I E S
D L A V I N R A C R I D E S

Solution on Page 320

CAB
CAGE
CAKE
CALF
CALL
CALM
CAME
CAMP
CAMS
CAN
CAP
CAR
CASE
CASH
CAST
CAT
CAVE
CELL
CHEW
CHIN
CHIP
CHOP

CITY
CLAM
CLAP
CLAW
CLAY
CLIP
CLUB
CLUE
COAL
COAT
CODE
COIL
COT
COW
CRY
CUB
CUP
CUT

Starts with a *C*

H O T V I T N M C E T N I Y
O Q R U Y A P U S L C F G L
H P A L C T B J L B U D R Q
Z J I C K B R A C F H R X M
W P O H C A U O C C P D F I
M I S I C C T L X V I B E Z
L A F P S G I F C B U L A E
C A L M S P P T Z W Y Y I P
E M A C A M P S Y A V R H M
C G C W C S A A L O P U C T
R L L A C A I C Z T N R I X
Y X G L K A S R W H M F C D
B E G C E E V E K P Y O J T
N L A D P C H E U G A H A G
R T O I A C H I N L F O V P
H C O P A C T C W O C A M B

Solution on Page 320

ANCHORAGE
BARROW
BEAR
CANADA
CARIBOU
CLIMATE
COLD
CRUISE
DENALI
ESKIMO
FAIRBANKS
FISHING
FREEZING
FRONTIER
FROZEN
GLACIERS
GOVERNMENT
HUNTING
ICE
IDITAROD
INUIT
JUNEAU
MOOSE
MOUNTAINS
NOME
NORTHERN
OIL
PETROLEUM
PIPELINE
RAIL
ROAD
SALMON
SEWARD
SNOW
TUNDRA
VAST
WEATHER
WILDLIFE
WINTER
YUKON

Around Alaska

R I D E N A L I J U N E A U
E B S O M O O S E W A R D F
C A N A D A N O K U Y F G R
I R C D F R E E Z I N G N O
G R A S R E I C A L G O I Z
D O R A T I D I T S A V T E
R W I W U T N M F N R E N N
C E B E N N N U A I G R U O
P F O A D O O E I A N N H M
R I U T R R R L R T I M N E
E L P H A F T O B N H E O E
T D S E I D H R A U S N M S
N L B R L C E T N O I T L I
I I N O N I R E K M F T A U
W W C A Z S N P S W O N S R
L I O M I K S E T A M I L C

Solution on Page 320

AMPERE
BARREL
CIRCUIT
COAL
CONDUCTOR
CRUDE OIL
CURRENT
DAM
DIESEL
DIRECT
ENERGY
FILAMENT
FISSION
GROUND
HYDROGEN
INSULATOR
JOULE
KEROSENE
KILOWATT
KINETIC
LANGLEY
LIGHTNING
METHANOL
NUCLEAR
OHM
OPEN
PETROLEUM
POTENTIAL
POWER
PROPANE
REFINERY
RENEWABLE
SHOCK
SWITCH
THERMAL
URANIUM
VOLTAGE
WIND

Energy Everywhere

P Y R E N I F E R S H O C K
R O S F I S S I O N L A O C
O G W V Y L A I T N E T O P
P R I E G O T D C V R D A F
A O T S R N T I U C R I C I
N U C L E A R E D M A D A L
E N H R N H O S N R B M I A
P D R K E T T E O P P G E M
O U T E W E A L C E H Y N E
C T T G A M L R R T U E E N
I H A A B T U E N R G L S T
T E W T L D S I A O E G O C
E R O L E B N N R L V N R E
N M L O D G I D U E Q A E R
I A I V Z U Y O H U N L K I
K L K Z M H J O H M W I N D

Solution on Page 321

ALBEDO
ANTARCTICA
ATMOSPHERE
BOULDERS
CHANGES
COLDER
CYCLES
EARTH
EXTINCT
FREEZING
FROZEN
GLACIAL AGE
GLACIATIONS
GLACIERS
GREAT LAKES
GREENHOUSE
GREENLAND
HURONIAN
ICE CORES
ICE SHEETS
INTERGLACIALS
LONG
PAST
PLEISTOCENE
POLAR
REDUCTION
SEA LEVEL
SNOW
SUN
TEMPERATURE
TIME PERIOD
WATER

Ice Age

W A T E R G N I Z E E R F F
G R E E N H O U S E X T W R
C W E R E H P S O M T A O O
Y R E D U C T I O N I G N Z
C B A C I T C R A T N A S E
L O N P T S A O A O C P G N
E U A G L I E R L E T O L G
S L I L R E M R E D A L A R
T D N A E E I E O P E A C E
E E O C L V A S P C M R I E
E R R I O B E T T E E E A N
H S U A Z T E L L O R C T L
S W H L S U N D A A C I I A
E C H A N G E S O E K E O N
C D P G L A C I E R S E N D
I N T E R G L A C I A L S E

Solution on Page 321

ARTICLES
AUTHOR
BOOKS
BRITANNICA
CATEGORIES
CONTENT
COUNTRIES
DICTIONARY
EDITION
EDUCATION
ENCARTA
ENTRIES
EVENTS
EVERYTHING
EXPENSIVE
FACTS
HISTORY
KNOWLEDGE
LANGUAGE
LEARNING
LIBRARY
MEANING
NEW
OLD
PAGES
PEOPLE
PRINT
PUBLISH
RESEARCH
RESOURCE
SCIENCE
SUBJECTS
TEXT
TOPICS
WIKIPEDIA
WRITTEN

Encyclopedias

L S E I R T N E T T I R W M
I S T C E J B U S K O O B C
B R E N S E D U C A T I O N
R E X P E N S I V E S U N P
A S T C A V S C I E N C E E
R O I O R R E B I T D F G O
Y U I N C B T R R P L A D P
R R W T H L O I Y G O C E L
O C A E S G E T C T O T L E
T E M N E S H A R L H S W G
S S E T O T L N R O E I O A
I U A E T I N N S N H S N U
H C N N O I T I D E I T K G
H S I L B U P C R W G N U N
C E N C A R T A I P H A G A
E V G W I K I P E D I A P L

Solution on Page 321

ADZE
BATTLE AXE
BLADE
BROAD AXE
BRONZE
CAMPING
CHOP
CLIMBING
COPPER
CUT
EDGE
FELL
GRIP
HANDLE
HARVEST
HEAD
HEWING
IRON
LABOR
LEVER
LOG
LUMBER
MEN
SAW
SHAPE
SHOULDER
SIMPLE MACHINE
SPLIT
STEEL
SWING
SYMBOL
THROWING
TIMBER
TOE
TRIM
WEAPON
WIELDING
WOOD
WORK

Axe

F P S I B W O R K K T V Y L
T R I M X R E D L U O H S O
T I M B E R O B A L E A M F
N O P A E W C A M P I N G Y
F E L L M W W E D A L B N Z
P P E X A E L T T A B Q I Q
T O M S G Q N B S I X I W Q
V U A W N G N I W E H E S B
E L C L I M B I N G V W O E
C P H U W E L D N A H R L P
N Z I M O Z L S E G D E A A
R H N B R N Q D P C V P S H
G E E E H O I X I E H P C S
F A Z R T R R I R N L O G T
U D S Y M B O L G I G C P X
A U W O O D N S T E E L M L

Solution on Page 321

ASSEMBLY LINE
CANALS
CAPITALIST
CENTURY
CHANGES
CITIES
COAL
COTTON
CULTURAL
ECONOMY
ELECTRICITY
EMPLOYMENT
ENGINES
GOODS
INDUSTRY
INNOVATION
INVENTION
IRON
JOBS
MACHINES
MANUFACTURING
MILLS
POLLUTION
PROGRESS
RAILROAD
RAILWAYS
STEAM POWER
TECHNOLOGY
TEXTILES
TOOLS
UNIONS
WATERWHEELS

The Industrial Revolution

C A S B O J C H A N G E S E
I U S L E E H W R E T A W N
T N L S N I N D U S T R Y G
I L V T E C H N O L O G Y I
E Q U E U M A C H I N E S N
S R B U N R B Y M O N O C E
Y C A P I T A L I S T T O S
C O T T O N I L Y R L Y A T
P O L L U T I O N L O L L E
R N O I T A V O N N I N I A
O G N I R U T C A F U N A M
G B Y T I C I R T C E L E P
R A I L W A Y S L A N A C O
E T E X T I L E S D O O G W
S L O O T N E M Y O L P M E
S N O I N U D A O R L I A R

Solution on Page 322

LACE
LACK
LAD
LAID
LAKE
LAMB
LAME
LAMP
LAND
LANE
LAP
LAST
LATE
LAVA
LAW
LAY
LAZY
LEAD
LEAF
LEAK
LEAN
LEAP
LED
LEFT
LEG
LEND
LENS
LENT
LESS
LET
LICK
LID
LIE
LIFE
LIFT
LIP
LIT
LOG
LOT
LOW

Starts with an *L*

I R L L O B S R Y T S E Y T
I J J B E L O A S Z C F F X
C L C P M A L E A K C I L H
L M E G F A D Q W A L L O T
A M K M E H L D S E N A L W
S S H H R K C A L A V A L M
Y D R Q K P S A I E N P E Z
B U M A I A C O K D A L A T
M Z P L J E E T N L T F N L
U X B D I L K S L F L E S S
X I V E E T P A E L L E D L
P Y S C K O M L L E N S I V
U G Q N D E A A R G B P T L
N N N S N T Z H W O L R Y Y
L E G Z E Y V O R L H R N Z
X N C H L E T B W R Q K P T

Solution on Page 322

BOBS
BREAKERS
COAST
COLLIDE
CRASH
CRESTS
CURL
DISPERSION
DURATION
ENERGY
EROSION
FETCH
FOAM
FREQUENCY
HEIGHT
HIGHS
LOWS
MEDIUM
MOTION
PERIODIC
REFLECTION
REFRACTION
RIPPLE
ROGUE
SEASICK
SPACE
SPLITTING
STORM
SURFACE
SWAY
SWELLS
TIDE
TIME
TRANSVERSE
TROUGHS
TSUNAMIS
UNDERTOW
VIBRATION
WHITECAPS
WIND

Wave Action

T S H G U O R T E N E R G Y
N S P L I T T I N G F O A M
H F A B Y B R E A K E R S C
S E H O E C A F R U S Y M I
A T I Y C N N O I T A R U D
R C G G Q O S E M I T U I O
C H H E H I V B U N I N D I
M N S L S T E O O Q D D E R
R O I P P C R I S B E E M E
O I M P A A S S T S E R C P
T T A I C R E W I N D T F M
S A N R E F L E C T I O N O
W R U P T E U G O R L W C T
A B S I I R S W E L L S U I
Y I T E H E R O S I O N R O
D V L O W S E A S I C K L N

Solution on Page 322

AERATION
ALGAE
AQUARIUM
BALANCE
BOWL
BUBBLE
CARE
CLEAN
CORAL
ECOLOGY
EGGS
EXOTIC
FEED
FILTER
FISH
FOOD
FRESH
GLASS
GUPPY
HEATER
HOBBY
HOME
LIGHT
NET
OXYGEN
PET
PLANT
POND
PUMP
RAISING
ROCKS
SALT
SAND
SHRIMP
SIZE
SWIM
SYSTEMS
TANK
VARIETY
WATER

Pet Fish

D O O F M C G K I E P G V N
T Y X Z P P L I Z S A N D C
B I Y Y O M A I H H A C R W
N B G Y Z I S Q G C L L E K
E J E B Y R S N P L A N T Z
T M N B I H I Y T E I R A V
R Q O O O S K C S A E G E M
O T G H I W I I Q T M K H I
C O R A L T L U L R E T A W
K E R I O L A I F L C M B S
S M G X F R F R B F O A S Q
B H E G I P E B E M L C A V
T S P U S S U E B A O L J V
A I M P H B D M N B G E F J
N F E P K F T C P A Y A P U
K T I Y F B E E E M D N O P

Solution on Page 322

AGENCY
AMERICA
BILL
BRANCHES
BUREAU
CABINET
CAPITAL
CIA
COMMERCE
COMMITTEE
CONGRESS
COURT
CURRENCY
DEMOCRAT
EDUCATION
ELECTION
EXECUTIVE
FBI
GRANTS
HOUSE
IMPEACH
IRS
JUDGE
LAW
MILITARY
MONEY
OFFICE
PENTAGON
POLICY
POWER
PRESIDENT
PROCEDURE
REPUBLIC
RULES
SECURITY
SENATE
TAXES
VETO
VOTE
WEALTH

The Federal Government

R S T N A R G Y E N O M A P
E O S E C U R I T Y Y I M H
W W F S N N O I T C E L E Y
O E B F E I E P N N Z I R C
P A R S I R B E R E N T I I
O L A E R C G A C R O A C L
D T N X S A E N C R I R A O
E H C A E P M I O U T Y J P
M X H T E I E C M C A C N E
O F E E T T I M M O C I O G
C B S C A A O S E C U L G D
R I U N U L L V R O D B A U
A H E R C T L Q C U E U T J
T S T N E D I S E R P P N W
S E L U R A B V E T O E E A
H O U S E R U D E C O R P L

Solution on Page 323

ART
BALL
BLACK
BLUE
BODY
BRASS
CAP
CHAMBER
CHEAP
COLOR
DESK
DISPOSABLE
DOCUMENT
DRY
ERASABLE
FORMS
GEL
INK
LEAK
LID
MEDIUM
METAL
NIB
NOTES
OFFICE
PEN
POCKET
QUILL
RED
ROLL
SCHOOL
SIGN
SMOOTH
STEEL
TIP
TOOL
WORK
WRITE

Ballpoint Pen

H K W K T X S Y X Q K L G S
I X A D I Y R N G E L K A V
Q K S E D D I L C Z L R Q V
B J S R L O U Z S J O O E M
E K C A L B T E T I R W L D
Q U D S K V T P K S F N B F
P U L A L O O H C S O T M V
U P I B N C A P X K R T U S
K R N L K X B A D A M N I B
W H O E L B A S O P S I D P
J U T L O F F I C E L N E P
U T L O O T P B U J E B M Y
R K J U O C H A M B E R E M
I N D I Q M Q L E X T A T G
D W W N G I S L N H S S A C
M I J K T X L D T G C S L X

Solution on Page 323

ARCH
ASH
BATH
BENCH
BIRTH
BLUSH
BOTH
BUNCH
BUSH
CATCH
CLOTH
COACH
COUGH
DEATH
DEPTH
DISH
DITCH
DOUGH
DUTCH
EACH
EARTH
FAITH
FISH
HATH
HIGH
HUSH
INCH
MATH
MOTH
MUCH
OATH
PATH
PUSH
RICH
RUSH
SIGH
SUCH
WISH
WITH
YEAH

Ends with an *H*

C H B R A A X D T H K K N E
P N U F H S U B W H T C G R
G D H C R W D A L C B O C J
Y E G I U D E B O U H U M W
I E C N I A A A N S S G S I
T H A C C T T C O A C H I S
V M T H H H H D E P T H P H
N R U S H F C P U R Z U Q J
E C X T T C T U I T Z H U A
P M I C R L I B M D C P I H
X A H K A O D E W R B H O A
F S T G E T J N A O S S T T
O Z I H G H C C T A F I S H
P H W G K P T H G U O D U L
X Z K I E T N A M N H S U P
C G W S J S O K M K H W T L

Solution on Page 323

ASPHALT
BRIDGE
BUS
CAR
CITY
CONNECT
CROSS
DIAMOND
DIVIDED
DRIVE
EAST
ENTER
EXIT
FREEWAY
GRADE
HIGHWAY
LANE
LEFT
LEVELS
LIGHT
LINES
LOOP
MAP
MERGE
PASSING
RAMP
RIGHT
ROAD
ROTARY
ROUTE
SIGN
SPEED
STOP
STREET
TOLL
TRAFFIC
TRAVEL
TRUCKS
TURN
URBAN

Interchange

Y T S F N L H D W W K N H E
A N U R A M P H A M V K L A
N G B R S P E H R O U T E S
L I X Y N A B R U L R N F T
S S L X E M C P G J T R T H
S R S X D I V I D E D A R G
K O I O F G L N R I W C B I
C T A F R E E W A Y Y R S L
U A A X V C R M H T I A E G
R R P E L O O P I D S G N R
T Y L D A N R C G P M I I L
R S S R D N M E H K S G L W
A F P I U E I A W S H O A C
V J E V W C L F A T T T N E
E T E E R T S P Y O O N E R
L W D V Y U I G C P Y O G T

Solution on Page 323

BLOSSOMS
BUSINESS
CLASSES
CONSISTS
CROSSES
DISCUSS
DISEASES
DRESSES
FOSSILS
GLASSES
GRASSES
GUESSES
ISSUES
KISSES
LESSONS
LOSSES
MASSES
MESSAGES
MESSES
MISSES
PASSAGES
PASSES
POSSESS
PRESSES
RESTLESS
SADNESS
SAUSAGES
SCISSORS
SEASONS
SEESAWS
SENSES
SESSION
SISTERS
STRESS
SUCCESS
SWISS
SYSTEMS
USELESS

Three-*S* Words

S S E C C U S G N L K Q G H
G D R E S S E S O O S M H S
O M G E T W C K I S S E S N
R S U R T S M I S S E S C O
P E E T L S E S S E N D A S
O S S S S E I S E S S A P A
S S S T A E S S S E O C A E
S E E D L E G S G A R R S S
E R S I E E S A O O L M S E
S P S S S T S I S N O C A U
S T A C A U S S D S S X G S
O W M U A R E E S P E P E S
S E N S E S G O S E N M S I
S F O S S I L S E S S A L G
S W I S S B U S I N E S S Z
U S E L E S S Y S T E M S Y

Solution on Page 324

AXE
BUILD
CABIN
CEDAR
CHIMNEY
CHINKING
COUNTRY
COZY
DOOR
DWELLING
FOREST
FRONTIER
HEWN
HISTORY
HOME
HOUSE
JOINTS
KNOTS
LAKE
LOG
LUMBER
MORTAR
MUD
OLD
PINE
PIONEER
PRAIRIE
ROOF
ROUND
RURAL
RUSTIC
SHELTER
SIMPLE
TIMBER
TOYS
TREES
WALL
WINDOW
WINTER
WOOD

Log Cabin

H N K M N S D A A L F J J U
X P U U R O D I T U O L D K
X D N U O R U S T I C U V R
O P R R L R E T N I W B S M
C A L W Y R O T S I H S H U
L C S L O R S T O N K I E E
X E E F A D T G G R Y M L N
R S E T L W N N E Y B P T I
E U R E T I I I U Z I L E P
B O T S B K T L W O E E R C
M H Y A N N H L N C C A X E
I O C I O Z Y E N M I H C D
T Z H R W B E W W R I H L A
L C F L O R T D I N O I A R
H R T F O O R E B M U L K D
C Q Z M D G K A E B M J E W

Solution on Page 324

BERRY
BIRD
BLANKET
BLUE JAY
BLUEBELL
BOOK
BUTTERFLY
CAR
CLOTHES
CRAYON
DRESS
EYE
FISH
FLAG
FLOWER
HYDRANGEA
ICE
INK
JEANS
LAKE
MARKER
MOOD
NAVY
OCEAN
PANTS
PEN
POND
POOL
SADNESS
SAPPHIRE
SEA
SHIRT
SKY
SMURF
SOCKS
UNIFORM
VELVET
VIOLETS
WATER
WHALE

Blue Things

P E N T P F M Y D V A T D D
Z O Q A N O Y A R C L O O P
Q E N T E K N A L B O O K Z
T T A D B C L I J M D V Q C
S S V G C L O T H E S B F K
I S Y Z M R O F I N U I T O
M E R M V I O L E T S L E W
A N O V E L V E T H A R B F
R D B L U E B E L L I C E R
K A E G N A R D Y H D R A U
E S S H F F W M P R E D O M
R E W O L F H P I T R I H S
A Y K Y A B A B A E N E B O
D E K A G S L W S K C E B C
X T N S L S E S N A E J P K
B P C Q R N P C R X Q I O S

Solution on Page 324

ACTION
AUDIENCE
BEAM
BOOTH
BRIGHT
BULB
CAMERA
CINEMA
CORD
DARK
DEVICE
DIGITAL
DOUSER
ELECTRIC
FILM
FLICKER
FORMAT
FRAME
HEAT
HOME
IMAX
LAMP
LARGE
LENS
LIGHT
LOOP
MACHINE
MEDIA
MOVIE
OPTICAL
PICTURE
REEL
SHOW
SHUTTER
SOUND
SPLICE
THREAD
VIEWING
VISUAL
WIDE

Movie Projector

M W I D E D P O O L E N S N
V I S U A L F T W P M K F N
H A M E N I C O H M O V I E
E M R A D Z H P L G H L K C
A H A R C S R I D L I A I N
T V O E C H F E I B I R U E
I C I M B U I G K D T G B I
V K R A D T H N E C X E U D
D H W C E T N M E G I E L U
N P Y Y R E H L N L M L B A
U D S J U R E I A N A I F E
O B O O T H W C S T X N R M
S P L I C E I U N O I T C A
M A D I I T A M R O F G F R
D A X V P M A L E E R B I F
K J D O U S E R E C I V E D

Solution on Page 324

ACADIANS
ACCORDION
ALLIGATOR
ATAKAPA
BOUDIN
CHICKEN
COOKING
CUISINE
DIALECT
ETHNIC GROUP
FAT TUESDAY
FESTIVALS
FIDDLE
FOOD
FRANCE
GUMBO
HOT
ISLAND
JAMBALAYA
LAFAYETTE
LENT
LOUISIANA
MARDI GRAS
NEW ORLEANS
NOVA SCOTIA
OKRA
PEOPLE
QUEBEC
RICE
SAUSAGE
SOUTHERN
SPICY
SWAMPS
VIRGINIA
W F GANONG

Cajun Life

V E S L A V I T S E F D E D
E A L N E K C I H C T O C N
G P O D A C C O R D I O N A
A A U N D E T T E Y A F A L
S K I O D I L E N T Y C R S
U A S V R I F R T L A U F I
A T I A I G A B O U D I N S
S A A S E R C L H W S S S W
O G N C A L G I E G E I N A
U N A O O R P I N C U N A M
T I R T B G G O N H T E I P
H K K I M I N I E I T F D S
E O O A U A Y E D P A E A P
R O T A G I L L A R F C C I
N C R F J A M B A L A Y A C
F N W Q U E B E C I R M V Y

Solution on Page 325

ACTION
ANIMATION
APP
ARCADE
AUDIO
BUTTONS
CHARACTER
CIRCUITS
COMPUTER
CONSOLE
CONTROL
DESIGN
DEVELOPER
DEVICE
DIGITAL
DISC
DVD
GAME
HANDHELD
IMAGES
JOYSTICK
MACHINE
ONLINE
PINBALL
PLAYER
PONG
POPULAR
POWER
QUARTER
RACING
SCORE
SCREEN
SEGA
SHOOT
SKILL
SOUND
SPEAKERS
SYSTEM
VIDEO
WIN

Electronic Game

A C O E D I V I M A G E S W
S C O R E N I H C A M N Y A
G N O P V N C O N S O L E U
P L A Y E R O L A T I G I D
P O P U L A R I T Z B W A I
D I S C O M P U T E R N K O
V P Q E P D B S E C I V E D
D I U L E W P F K M A H B N
M E A L R E T C A R A H C E
E D R I A Q I T O N L I N E
T A T K H T I S D N R N M R
S C E S S O H H G C T A S C
Y R R Y N O E I U H G R P S
S A O I O L S I O R E W O P
L J W T D E T P I N B A L L
S O U N D S R A C I N G W P

Solution on Page 325

ACID
ANIMAL
ARCHAEOLOGY
ARCTIC
BIODIVERSITY
BLANKET
BROWN
COLD
CONSERVATION
CRANBERRIES
DEAD
DEEP
ENVIRONMENT
FEN
FUEL
GROUND
HABITAT
HARVEST
IRELAND
LICHEN
MARSH
MIRE
MOSS
MUD
PEAT
PLANT
PRECIPITATION
QUAKING
RAIN
SILT
SOIL
SPHAGNUM
SUBSTRATE
SWAMP
VALLEY
VEGETATION
WATER
WET

Bog

E R I M A R S H N P X Y L B
F Z H U D Q N K O R W G I S
C R A N B E R R I E S O C S
I E R G F E E G T C D L H O
T T V A J T N P A I N O E M
C A E H K A V K V P U E N L
R W S P H R I E R I O A W I
A T T S A T R D E T R H O O
Y B A I B S O N S A G C R S
E L E L I B N A N T L R B B
L A P T T U M L O I A A Z P
L N Y F A S E E C O M C V M
A K U O T N N R S N I I U A
V E G E T A T I O N N D H W
L T N A L P G N I K A U Q S
G A D A E D L O C N I A R G

Solution on Page 325

ARTIFICIAL
BAR
BEANS
BITTER
BROWN
BUTTER
CACAO
CAKE
CANDY
CHIPS
COCOA
COMPOUND
COOKIES
CREAM
DARK
DUTCH
FAT
FLAKES
FUDGE
GOURMET
GROUND
HERSHEY
HOT
IMPORTED
KISSES
LIQUOR
MELTED
MILK
MINT
NUTS
PIECES
POWDER
RAW
RICH
SOLID
SUGAR
SWEET
SWISS
VANILLA
WHITE

Types of Chocolate

T B C A S P G V S W E E T T
T W A W C D F Z A G K G J R
H C I R R M R E D W O P E N
A S N A E B C U S U W T U Q
S Y U L A I F O R E T T I B
S F T E M X N M O U S C A Z
S E C E I P E B B K T S H F
D Q X D E T R O P M I O I O
G N L N A B Y E H S R E H K
H I U U R X S E K A L F S R
C O C O A C A C G L I K P A
A E W P R P Y U R L Q N I D
K N U M N G S D K I U Q H U
E V S O L I D L N N O W C K
L A I C I F I T R A R A W W
E T I H W M I N T V C Q K M

Solution on Page 325

BEACHES
CATCHES
CHECK
CHEEK
CHEER
CHEESE
CHEST
CHEW
COACHES
COUGHED
EARACHE
HATCHED
HEAD
HEALTH
HEAP
HEAR
HEAT
HEAVEN
HEAVIER
HEAVILY
HEAVY
HEEL
HEIGHT
HELD
HELL
HELMET
HELP
HEM
HENCE
HENS
HER
HIGHEST
HUTCHES
INCHES
KITCHEN
LAUGHED
RICHES
SHE
THE
WHEN

HE Words

M A G T L C H E E R M W K S
H Y V A E H O K P Q X H Y Q
L A Z J W E B U S L E E H L
F X K S T S E E G R E N U H
B O I E W T H A A H S H T E
U G T H X C Y E R C E T C A
J Q C C N R H O A A H D H D
L T H I G H E S T P C E E E
B E E R H T L A E H T H S H
R H N D E H C T A H A C E G
R E E F A E H A E E C A L U
D L V D V L E E S M V A D A
O L A H I M C H E I C S O L
E E E M L E K H E I G H T C
H N H H Y T Y R H E N C E E
S J E S S A K Z C H E E K W

Solution on Page 326

ADAM AND EVE
APPLE JUICE
BLOSSOMS
BRAEBURN
CANDY
CARAMEL
CIDER
COOKING
CRISP
DOCTOR
EAT
FALL
FARMS
FOOD
FORBIDDEN
FRUIT
FUJI
GALA
GRANNY SMITH
GREEN
MCINTOSH
ORCHARDS
PICKING
POLLINATION
RED DELICIOUS
RIPE
ROUND
SAUCE
SEEDS
SKIN
SOUR
STEM
SWEET
TART
TREES
VARIETY
WORM
YELLOW

Apples to Apples

A F C A R A M E L S E E D S
T R E E S L O C P C N P O W
Y T E I R A V R I S O I O E
B X C D M G I U C N I R F E
D N U C D W J R G H T R A T
H R A Q O E C H N F A O C A
L U S L L V L T I O N R S E
Q B L P N E H I K R I S D H
V E P E C D G M C B L A S S
Y A E N C N F S I I L T M M
B R A I I A V Y P D O I O R
G B D K A M D N I D P U S A
X E O S U A U N J E I R S F
R O T C O D Q A U N U F O V
C E Y D N A C R F O F A L L
M R O W M M M G S S R X B C

Solution on Page 326

AIRPORT
ASIAN
BRITAIN
BUDDHISM
BUILDING
BUSINESS
CANTONESE
CAPITALIST
CHINESE
CITY
COAST
COMMERCE
CUISINE
CULTURE
DIM SUM
ECONOMY
EDUCATION
FINANCIAL
FOOD
GUANGDONG
HARBOR
INDUSTRY
MANDARIN
POPULATION
REPUBLIC
SHIP
SHOPPING
STAR FERRY
TAOISM
TECHNOLOGY
TERRITORY
TRAVEL
URBAN

Visit Hong Kong

G E Y R T S U D N I I W B B
N C U I S I N E C N E S R C
I R Y R E P U B L I C I H G
P E R S P O P U L A T I O N
P M R H X N E S P A N Y A I
O M E I Y I S I I E F B C D
H O F P G R T N S R R A G L
S C R L O A T E T U N T U I
Y O A A L D R S R T B E A U
M A T I O N A S O L U R N B
O S S C N A V N P U D R G H
N T A N H M E B R C D I D A
O D S A C S L D I G H T O R
C O I N E D U C A T I O N B
E O A I T A O I S M S R G O
L F N F L D I M S U M Y H R

Solution on Page 326

AFRICA
BARBARY
BOAT
BOOKS
CAPTAIN
CARIBBEAN
CREW
CRIMINAL
EYE PATCH
FINES
GOLD
HIGH SEAS
ILLEGAL
KIDNAPPING
LAW
LOOT
MARITIME
MONEY
MURDER
OCEANS
PARROT
PEG LEG
PIRATES
PLUNDER
RAIDS
RANSOM
RIVER
ROBBERY
SABOTAGE
SAIL
SECURITY
SHIPS
SHORE
STEAL
THEFT
TREASURE
VESSELS
VIKINGS
VIOLENCE
WEAPON

Watch Out for Pirates

T G B S L E S S E V G O L D
H N A E M O S N A R A I D S
E I R T H M W E A P O N F A
F P B A S C E C N E L O I V
T P A R K C T W S A C L N S
C A R I B B E A N A L O E H
S N Y P J R E I P E I F S I
T D M Z C S M T G E S L S P
E I A A H I A A R A Y S G S
A K C G R I L U B T R E N K
L S I C N I S O O E L C I O
Y H R B O A T R V G O U K O
E O F Y E A R I E T O R I B
N R A R G A R P M T T I V L
O E T E P L U N D E R T S A
M U R D E R O B B E R Y V W

Solution on Page 326

ANALYSIS
AWAKEN
BEDROOM
BRAIN
COLOR
DARK
DAYDREAM
DEEP
DESIRES
EMOTIONS
EVENTS
FALLING
FANTASY
FEAR
FEELINGS
FLYING
FREUD
JOURNAL
JUNG
LUCID
MEANING
MEMORY
MENTAL
NAKED
NIGHTMARES
ONEIROLOGY
PILLOW
PROPHETIC
REALITY
RECURRING
REM SLEEP
SOUNDS
STORY
STRESS
SURREAL
SYMBOLISM
THE MIND
WAKING

Dream It

S O O N E I R O L O G Y D P
U G N I R R U C E R S A E I
R N F G A J D N I A R B M L
R I E H I N U D T K R Q O L
E K A T I L A N R U O J T O
A A R M Y Y A P G P L S I W
L W E A D F R E U D O I O S
I H P R O P H E T I C S N D
T Q E E M S I L O B M Y S N
Y A V S O M O S N P G L X U
M W E T O E S M E D N A S O
E A N R R M F E E L I N G S
N K T E D O D R B C L A R T
T E S S E R I S E D L K S O
A N F S B Y G N I N A E M R
L U C I D G N I Y L F D U Y

Solution on Page 327

AFTERLIFE
APPARITION
BEING
BELIEF
BOO
CASPER
CASTLE
DARK
DEATH
DEMONS
ECTOPLASM
FEAR
FICTION
GHOST TRAINS
HALLOWEEN
HAUNTING
HORROR
IMAGE
KILL
LITERATURE
LOCATIONS
MYTH
NIGHT
OCCULT
PARANORMAL
POLTERGEIST
RELIGION
REVENANT
SCROOGE
SOUL
SPECTRE
SPIRITS
STORIES
SUPERNATURAL
SUPERSTITION
WHITE

See a Ghost

S S B E I N G N I T N U A H
N T E R E L I G I O N P D A
O O L G M S A L P O T C E L
M R I W A S E T I H W P A L
E I E Y W M N T S L E R T O
D E F I C T I O N F U O H W
A S U P E R S T I T I O N E
R E P S A C T L A T L B S E
K T L P U H R N R P A J S N
E N P H G E R G T L U C C O
C A L I T E R A T U R E O Q
A N N F P Y O G S O K I L L
S E A U L A M R O N A R A P
T V S F E A R G H O R R O R
L E P O L T E R G E I S T K
E R T C E P S T I R I P S X

Solution on Page 327

BEAUTY
BLOOMS
BOUQUET
BUDS
BUSH
CLIMBING
COLORS
DOZEN
FLORIST
FLOWERS
FRAGRANT
GENUS ROSA
GIFT
GROW
HIPS
HYBRIDS
LEAVES
LOVE
MINIATURE
NAME
PERFUMES
PETALS
PINK
PLANTS
PRUNING
RED ROSE
ROMANCE
ROSACEAE
SCENT
SHRUB
SMELL
SPECIES
SPRING
SYMBOLISM
TEA
THORNS
VALENTINE
VARIETY
VASE
VINE

Roses for You

S E I C E P S D I R B Y H N
G N I N U R P L A N T S G S
U I S N E Z O D E U P N N H
V C M W A L J N A I I R H R
W O O L E O I E H B O Q F U
G L O L C V B H M H G S R B
F O L E A E N I T N E L A V
A R B M S I L O B M Y S G L
B S C S O C H S U B O T R V
O T S I R O L F C R N T A E
P S Y R E D R O S E E R N C
I L E A V E S U C U I E T N
N A M E P D N S Q E S M F A
K T T Q U E R U T A I N I M
V E M B G J O Y V W O R G O
A P E E I B S P R I N G K R

Solution on Page 327

VACANT
VACUUM
VAGUE
VAIN
VALLEY
VALUE
VALVE
VAN
VAPOR
VARIED
VARIES
VARIETY
VARY
VASE
VAST
VEIN
VERB
VERSE
VERY
VESSEL
VET
VICTIM
VIDEO
VIEW
VINE
VIOLET
VIOLIN
VIRUS
VISION
VISIT
VISUAL
VITAL
VIVID
VOCAL
VOICE
VOLUME
VOTE
VOTING
VOWEL
VOYAGE

Starts with a *V*

I Z P D V O W E L E S R E V
D E Z D Y E V A S T X H A C
I T N O R K C B O N X G C U
V I I I A O N J R I U R Q J
I L M S V O Y A G E F O K E
V S U V I D E O X V V P D C
E A U N O V V I T A L A W I
T Z C Y L C E I V A L V E O
O S A A I J R G R E W A I V
V N V D N K Y I N U T L V O
V A R I E T Y V V I S U A L
A I L C O I J L I E T E S U
F W S L J L R N M C S O E M
H L L I E F E A I O T S V E
V W L B O Y K T V A R I E S
H W K P K N F L N A V N M L

Solution on Page 327

BANDIT
BARS
BELLS
BETTING
BONUS
BUTTONS
CASH OUT
CASINOS
CHANGE
CHERRY
COINS
CREDITS
DOLLAR
FORTUNE
FUN
GAMBLING
JACKPOT
LAS VEGAS
LEVER
LOSING
LOSSES
LUCKY
MATCH
MONEY
MUSIC
NEVADA
NICKEL
ODDS
PAYOUT
PENNY
PLAY
QUARTERS
REELS
RENO
SLOTS
SPINNING
TILT
TOKENS
VIDEO
WINNINGS

Slot Machine

M O N E Y N N E P S B J M S
A Y K C U L A C H E R R Y S
T A T G A P A Y O U T A T W
C I U L A S V E G A S O B Q
H I D Z I M H R E E L S U S
B L F N D T B O L S G A P L
O J O J A Y P L U N R I R L
N S R S X B A B I T N Z B E
U N T I S D L N E N S L U B
S I U G A E N R I T G O T C
N O N V K I S N I D T S T H
E C E C W Y G D O I V I O A
K N I F A C E L L F U N N N
O N Y L C R L E V E R G S G
T O P K C A J C I S U M X E
P O N E R V I D E O D D S J

Solution on Page 328

AUTOMOBILES
AUTOMOTIVE
BARCHETTA
BLACK
BRAND
CARS
CHAMPIONSHIP
COMPANY
COMPETITION
CONVERTIBLE
DESIGN
DRIVER
ENGINE
ENZO FERRARI
FACTORY
FAST
FIAT GROUP
FORMULA ONE
GAS
GRAN TURISMO
GRAND PRIX
ITALIAN
MARANELLO
MASSA
MEN
MODENA
PRANCING HORSE
RED
RICH
ROAD
SHELL
SPEED
STALLION
TESTAROSSA

Drive a Ferrari

T S A F I A T G R O U P N N
P G E G R A N T U R I S M O
S R F L L E H S E H E A B I
T A A A I D D V S V S A I T
A N C N P B I N I S R D R I
L D T E C R O T A C S E A T
L P O D D I O M H R N S R E
I R R O P M N E O O B I R P
O I Y M O D T G A T C G E M
N X A T E T A L H H U N F O
K H U E A S U D A O R A O C
C A P C O M P A N Y R I Z A
A S S O R A T S E T Q S N R
L L C O N V E R T I B L E S
B X F O L L E N A R A M M Q
E N A I L A T I E N G I N E

Solution on Page 328

ACRYLIC
ARTIFICIAL
BAKELITE
BOTTLES
CELLULOSE
CHEMICALS
CLEAR
COLOR
CONTAINERS
CUPS
DURABLE
ENVIRONMENT
FLEXIBLE
HARD
JUG
LANDFILLS
MATERIAL
MELT
MOLDED
NYLON
OIL
PACKAGING
PAPER
PETROLEUM
POLYESTER
POLYMERS
PVC
RECYCLING
STYROFOAM
SYNTHETIC
TABLE
TOXICITY
TOYS
TRASH
TUPPERWARE
WASTE
WRAP

Plastic Please

W B A K E L I T E L B A T P
R E P A P A C K A G I N G E
A L E N V I R O N M E N T T
P R O L O C I T E H T N Y S
T S R E N I A T N O C V P A
O T E L M F L E X I B L E W
X Y T L A I A C R Y L I C P
I R S A T T L E M R C O D E
C O E N E R A W R E P P U T
I F Y D R A H C L C O S R R
T O L F I S L L D Y L E A O
Y A O I A H U E P C Y L B L
S M P L L L D A T L M T L E
G U J L O L R R O I E T E U
C U P S O N O L Y N R O I M
C H E M I C A L S G S B I N

Solution on Page 328

ACTIVITY
AUDUBON
BACKYARD
BINOCULARS
BIRD CALLS
BIRDERS
BIRDING
BOOKS
CAMERA
COMPETITION
EGGS
ENVIRONMENT
FEEDING
FINCH
FLIGHT
FOREST
GROUP
GUIDES
HABITAT
HERON
HOBBY
MIGRATION
NESTING
OBSERVATION
ORNITHOLOGY
OUTDOORS
OWL
PHOTOGRAPHY
RARE
ROBIN
SPECIES
VIDEOGRAPHY
WATCHING
WOODPECKERS

Bird Watcher

E W A T C H I N G U I D E S
G T O V Z H V B I R D E R S
G Y N O I T A V R E S B O R
S H G E D D Y B H E R O N O
B P C O M P E T I T I O N O
S A H S L N E O I T T K I D
N R C C E O O C G V A S B T
O G A K N I H R K R I T O U
I O M L Y I C T I E A T R O
T T E T U A F E I V R P C M
A O R H S C R E P N N S H A
R H A G E M O D E S R E P Y
G P B I R D I N G D T O U B
I S L L A C D R I B I D O B
M A W F R A U D U B O N R O
F O R E S T N E S T I N G H

Solution on Page 328

ALUMINUM
ANGLE
ATTIC
BAD LUCK
BUILDING
CARPENTER
CAT LADDER
CLIMB
CONSTRUCTION
EQUIPMENT
EXTENSION
FALL
FIRE
FIXED LADDER
FOLDING
HEIGHT
HOOK
LEAN
LENGTH
PAINT
POOL
PORTABLE
REACH
RIGID
ROOF
ROPE
RUNG
SAFETY
STAIR
STEP
STRINGERS
TALL
TELESCOPING
TOP
TREE
VERTICAL
WALL
WINDOW
WOOD
WORK

Ladder

E R I A T S A W D B M I L C
B E I C P A I N T U R P M B
D A R G D S L W G I L O U V
N C D T I O T L G L K R N E
O H F L F D O R A D E T I R
I J A N U O F W I I X A M T
T E L E S C O P I N G B U I
C R L H O O K R U G G L L C
U E E Q U I P M E N T E A A
R E D D A L D E X I F R R L
T W H P D F E P R O P E M S
S O P T O A E A H E I G H T
N D O U G T L G N I D L O F
O N O I S N E T X E R I F P
C I L A Y T E F A S K R O W
F W G N U R V L L C I T T A

Solution on Page 329

ARTICULATE
AXLES
BED
BIG
CONSTRUCTION
DIESEL
DIRT
DRIVER
DUMPING
EMPTY
ENGINE
EQUIPMENT
GRAVEL
HAULING
HYDRAULICS
JOB
LARGE
LIFT
LOADS
MACHINE
MATERIALS
MOTOR
POWER
RENT
SAND
SERVICE
SIDE DUMP
SOD
TIPPING
TIRES
TRAILERS
TRANSFER DUMP
TRANSPORTATION
VEHICLE
WASTE
WEIGHT
WHEELS
WORKERS

Dump Trucks

S D A O L I F T R O T O M D
L P O W E R E N T B O J H H
E G N I P P I T E T S A W N
E N N O I T C U R T S N O C
H I E S U P M U D E D I S A
W P Q O W E I G H T T N A X
P M U D R E F S N A R T N L
U U I I S E R I T L D R D E
S D P E H Y D R A U L I C S
R R M S H E O V I C B D H W
E I E E B P E E N I H C A M
K V N L S H E M P T Y Y U B
R E T N I M A T E R I A L S
O R A C R A L E V A R G I B
W R L F S E R V I C E P N S
T E N I G N E T E L A R G E

Solution on Page 329

BAKING
BOILING
BROILING
BUTTER
CHEFS
CUISINE
CULINARY
DESSERTS
DINNER
EATING
EGGS
FISH
FLOUR
FRUITS
FRYING
GOURMET
GRILL
HEAT
HERBS
HOT
LUNCH
MEASURE
MILK
OVEN
PAN
PEPPER
POTATOES
POULTRY
RECIPES
ROASTING
SALT
SAUTEE
SEAFOOD
SIMMER
SKILLET
SPICES
SPOON
STEAMING
SUGAR
UTENSILS

Time to Cook

D T G J G N I Y R F L O U R
I T L A S T R E S S E D F P
N D O O F A E S P E P P E R
N P D G N I L I O R B O A G
E G N I T A E H T N R G O Z
R R L E E G G S A E U U K N
E U H M V R S P T S R C O T
C T X E I O O T O M U M S S
I E E L R L U A E I E A I P
P N L H F B K T S A U M G I
E S S Z R L S I S T M N Z C
S I O F U T N U E E I I F E
F L Q N I E R E R L N N N S
E S C I T E L L I K S C G G
H H O T S Y P O U L T R Y L
C G N I K A B Z E V S J J C

Solution on Page 329

ANCIENT
ART
BLOCKS
BRICK
BUILD
CASTLE
CATHEDRAL
CEMENT
CHISEL
CITIES
CONCRETE
CONSTRUCT
CRAFT
CREATIVE
CUT
FOUNDATION
GEOMETRICAL
GRANITE
GROUT
HAMMER
IGNEOUS
MALLET
MASON
MONUMENT
NATURAL
PYRAMIDS
ROCK
RUBBLE
SAWYERS
SHAPING
SKILL
SLIPFORM
STONE
STRUCTURES
TAJ MAHAL
TOOLS
TRADE
TROWEL
WALL
WORK

Stonemasonry

M O R U B B L E W O R T F M
A T O O L S C E M E N T I A
L T E D A R T L B L O C K S
L A R D E H T A C T A O C O
E J R M N U Y C A S R N I N
T M M U O O R I G A T S R L
S A C R T E I R I C N T B L
H H G O A A A T L U E R G A
D A A T N N N E A M M U I W
T L I P I C S M R D U C G E
N V I T I I R O C K N T N C
E W E U H N F E C C O U E R
I O N C B P G G T S M R O A
C R O F I C I T I E S E U F
N K T L P Y R A M I D S S T
A O S R E Y W A S K I L L C

Solution on Page 329

ALLOY
APPLIANCE
AUTOMOBILE
BAR
BEAM
BLADE
BOLTS
BRACE
BRIDGE
BUILDING
CAR
COLD
CONSTRUCT
DURABLE
GRADE
HARD
HEAT
INDUSTRY
KNIFE
MACHINES
MATERIAL
MELT
METAL
MILL
ORE
PLATE
ROD
SHEET
SHIP
SILVER
STAINLESS
STRENGTH
STURDY
SUPERMAN
TEMPER
TOOLS
TOUGH
WELD
WIRE
WOOL

Strong Steel

I T W I R E V L I S T L O B
T O U G H B D R I T E T P M
L O R E R O S D U R A B L E
E L A I R E T A M E G R A T
M S D Q C S A C M N O A T A
T G S S Y O I S I G T C E L
E K T Q U O N D L T E E L C
M Y U A I P L S L H E W I Y
P E R H E I E L T D H O B C
E P D T U H S R A R S O O L
R R Y B S S S R M J U L M U
J H E E A U G Y L A D C O N
P A R D E R D E F I N K T S
M R M A C H I N E S P R U B
E D Q L E C N A I L P P A O
H C U B M W E L D P V K F R

Solution on Page 330

APACHE
BRAVE
BUFFALO
CASINOS
CHEROKEE
CHEYENNE
CHIEFS
CHIPPEWA
CHOCTAW
COMANCHE
CUSTER
DAKOTA
ETHNIC
FEATHERS
GAMBLING
GERONIMO
HOPI
INDIGENOUS
IROQUOIS
JIM THORPE
LAND
MOHICANS
MUSIC
NAVAJO
OKLAHOMA
PILGRIMS
PUEBLO
RELIGION
RESPECT
SEMINOLE
SEQUOYAH
SIOUX
TECUMSEH
TREATIES

Native Americans

R S T O E P I R O Q U O I S
E O E L H H F C I S U M T E
T N C B C J H E T H N I C L
S I U E A I E V A R B N E O
U S M U P M A S Z T G O P N
C A S P A T O K A D H R S I
O C E G C H E R O K E E E M
M W H A M O H A L K O G R E
A I G E W R E L I G I O N S
N O P S Y P W A T C O H C M
C S U O N E G I D N I I H I
H A X P H G N I L B M A G R
E M O H I C A N S I O U X G
U W H A Y O U Q E S D N A L
C H I E F S E I T A E R T I
N A V A J O L A F F U B D P

Solution on Page 330

ARENA
AWARD
BIT
BREED
BRUSH
CLASS
COAT
CONTEST
COURSE
CUTTING
ENGLISH
EQUINE
EVENT
FENCE
GAIT
GROOM
HARNESS
HELMET
HORSE
JUDGE
JUMP
MANE
MEDALS
MONEY
OWNER
PONY
PRIZE
RACING
REIN
RIBBON
RIDE
RODEO
SADDLE
SHOW
SKILL
SPORT
TAIL
TROT
WALK
WINNER

Horse Show

S A W N J Z M D T Q U N K U
L D R A W A E C N E F I E S
L E G E L W D X E S R O H J
O E I Z N K I Y V F P M U J
H R S T H A R N E S S D D W
G B L K E Q U I N E G S H S
U L W Z I C A R G E G L S P
G A I T P L U F L N R A J O
H R S A D D L E I D L D H R
P E I I T U T T S C W E S T
O N R B M I T R H R L M U T
N W L A B U M O O M U C R A
Y O N V C O N T E S T O B X
H E T C N I N T D U O A C K
R N I E R S N W O H S T Q N
G H Y N B Q E G R O O M O C

Solution on Page 330

BEAM
BOAT
BRIGHT
BUILDING
CAPE
CLIFFS
COAST
DANGER
DAYMARK
FOG
GUIDE
HARBOR
HAZARDS
KEEPER
LAKE
LAMP
LAND
LENS
LIGHT
MAINE
NIGHT
OCEAN
OLD
PORT
REEF
ROCK
SAFE
SAILOR
SAND
SEA
SHIP
SHORE
SIGNAL
STONE
TALL
TOWER
TRAVEL
WARNING
WATCH
WAVE

See the Lighthouse

Z J C F N S L L A T C W L U
B O R L T D T A O B E A M U
L D L O I U O M I N N T P E
X P N I C F K P Q G K C T E
T E Z A G K F C I A K H S Q
D V D P S H Q S D R A Z A H
P A D I B F T R A V E L O W
C W S H U B S M L R R R C A
C A E S I G Y H O C E A N N
F T B P L A N D O G P W D W
C O V R D K H L N R E S O E
T O G N I N R A W R E A N T
Q L J H N G D K R Y K I B J
G D E R G O H E E B A L U Y
V N C N I G H T E M O O D E
E E F A S X H P F P O R T M

Solution on Page 330

ADVICE
AIR
BANANAS
BEANS
BOLOGNA
BOOKS
BREAD
CANDY
CHIPS
COFFEE
COOKIES
COUPON
CRAYONS
DIRT
DISCOUNT
EGGS
ENVELOPES
GUM
JUNK
MILK
ONIONS
PAPER
PASTA
PENS
PERFUME
PLASTIC
POTATOES
RICE
SALE
SOAP
SOCKS
SODA
SPAGHETTI
STICKERS
TALK
TEA
TOOTHPICKS
TRINKETS
USED
VINYL

Cheap Things

C I O L G G J D T A L K I U
T S C J D U S O D J J R L R
Q E L Y N I V O N I O N S E
C P I K E M S E O T A T O P
T O O T H P I C K S I M A A
F L O S T S L L O C G S B P
Q E U K G E T A K U T G D C
D V S O I E H E S A N B E H
Z N E O S E R G K T A T E I
W E D B A S S I A N I C D P
W E C O U P O N A P I C E S
P F D I M U G N O V S R L K
E F A Q R O A S D Y F N T C
N O E E L S K A V U A D N O
S C R O T I I L M D I R T S
H P B E A N S E Y D N A C B

Solution on Page 331

ACCENT
AGRICULTURE
ARCH
BREADBASKET
CHICAGO
CITIES
COLUMBUS
CORN BELT
COUNTRY
CROPS
DETROIT
FARMLAND
FLAT
GREAT LAKES
GREAT PLAINS
HEARTLAND
ILLINOIS
INDIANAPOLIS
INDUSTRIAL
IOWA
KANSAS
KENTUCKY
MINNESOTA
MISSOURI
REGION
RELIGIOUS
RURAL
RUST BELT
SMALL TOWNS
ST LOUIS
STATES
WHEAT
WISCONSIN

Around the Midwest

T L S P O R C O L U M B U S
N L L A I R T S U D N I U T
E M A G W C H I C A G O C L
C I R R E G I O N Y I S O O
C N U I B M O N Z G N A R U
A N R C R H W I I I D S N I
N E M U E E A L A F I N B S
I S I L A A E L T A A A E M
S O S T D R P I L R N K L A
N T S U B T C S E M A E T L
O A O R A L I E B L P N I L
C L U E S A T T T A O T O T
S F R F K N I A S N L U R O
I G I R E D E T U D I C T W
W H E A T R S S R U S K E N
H C R A G C O U N T R Y D S

Solution on Page 331

ALLEY
ATTIC
BAT
BEARS
BLACK
CAVE
CELLARS
CLOSET
CLOTHES
CLOUDS
COAL
COFFEE
COLOR
CROW
DEATH
ECLIPSE
EVIL
EYES
FOREST
GARAGE
HAIR
HOLE
HORSE
INK
LICORICE
MAGIC
MAHOGANY
MOOD
MOVIE
MYSTERY
NIGHT
PANTHER
SHADOW
SHOES
SKY
SOIL
SPACE
STORM
TAR
TUNNEL

Dark Things

M N R Q S R A T U N N E L U
Y E C L I P S E I X R I Q Q
S E A C L O S E T E C H B I
T R G T W F M A H O G A N Y
E N A A T M D T R T T I W E
R B V L R I N I E S O R M L
Y J I O L A C I T E K L N L
L V T I P E G K H R F Y C A
E S E B O H C A O O X F L Q
Y E I V O M T L G F L A O C
E A C R A X O A B V B E U C
S D S A D C S Z E E L M D C
F E C H P X E W O D A H S M
W D L I O S O F L G C R O W
J G N B O T H G I N K O S Q
I K K B Z A S C B O D S I F

Solution on Page 331

AIR
BEAD
BIKE
BLACK
BRAKE
CASING
CHANGE
CIRCLE
CYCLE
DUNLOP
FLAT
FRONT
FUN
HOLE
KNOBBY
PARTS
PATCH
PEDAL
POP
PSI
PUMP
RACING
REAR
RIM
ROAD
ROLL
ROTATE
ROUND
RUBBER
SIZE
SLICK
SOLID
SPEED
SPIN
STEM
TIRE
TOUGH
TUBE
VALVE
WHEEL

Bicycle Tire

L U M U J B L L O R Q Y L A
L H W Y Q R J M E T S A Y L
M X X E R Y P T R E V L A V
U D Q K R C F U N J H D G Q
Y W K Z Z I R B M G E W H J
T N C C S O T E W P F L A T
L O B R A K E N J O A M C O
R P S D I L O S O S I T Y U
F O L D R E B B U R P O C G
S P I N U G Y U Z K F E L H
F D C B P N N G K K R A E R
O R K I Q A L I N D V L T D
Q S S K R H R O S I N K A V
H B I E O C B T P A C U T A
D T Z L X B L P S I C A O I
A T E M Y X B E A D M N R R

Solution on Page 331

ADMIRALS
AIRPLANES
ANNAPOLIS
BASES
BOMBS
BOOT CAMP
BRIG
CHIEF
COMMODORE
COMPASS
CRUISER
DECK HAND
DEFENSE
DESTROYER
DIVERS
ENSIGN
FLEET
FRIGATES
GUNS
LIFEBOATS
MEDALS
MILITARY
NAVY SEALS
NORFOLK
OFFICERS
POLISHED
RADAR
RECRUITING
RESERVES
SAILORS
SHIPS
SUBMARINES
TATTOOS
UNIFORMS
WATER

Join the Navy

S R O L I A S G I R B C P W
N A P M A C T O O B A O O A
U D N F R I G A T E S M L T
G N I T I U R C E R E M I E
E A A V C O M P A S S O S R
N H B V E O C E L H D D H T
S K O L Y R R A D A R O E A
I C M P U S S S R A N R D T
G E B I D E E T G F L E E T
N D S E N I R A M B U S S O
O E A N N A P O L I S E T O
R F E I H C K B P S Z R R S
F E O F F I C E R S W V O P
O N U S M R O F I N U E Y I
L S X I A D M I R A L S E H
K E Y R A T I L I M N Z R S

Solution on Page 332

ACCELERATED
ACTIVE
AGILE
APACE
DASHING
DOUBLE TIME
FAST
FLASHING
FLAT OUT
FLEETING
FULL TILT
HURRIEDLY
HYPERSONIC
IMMEDIATE
IN A FLASH
IN A JIFFY
LIKE A SHOT
LIKE CRAZY
LIKE MAD
NIMBLE
PDQ
POSTHASTE
PROMPTLY
QUICKLY
RAPIDLY
READY
RESPONSIVELY
SNAPPY
SOON
SPEEDY
STRAIGHTAWAY
SUPERSONIC
SWIFTLY

Quick Words

Y L D E I R R U H R E A D Y
F I S P R O M P T L Y V Y L
F K U O G N I H S A D L I D
I E P S N I M B L E T K O I
J M E T I S H Y T F E U P P
A A R H H P U A I C B Y D A
N D S A S E R W R L W P Q R
I E O S A E S A E C A P A G
N V N T L D Z T U O T A L F
A I I E F Y I H S O O N Q L
F T C R T M A G I L E S U E
L C D S E T A I D E M M I E
A A A T O H S A E K I L C T
S F C I N O S R E P Y H K I
H I I F U L L T I L T U L N
E R E S P O N S I V E L Y G

Solution on Page 332

BEACH
BULB
CANDLE
CARS
CHILDREN
CLOTHING
COLORS
DAY
DIAMOND
EYES
FIRE
FLASH
GENIUS
GLARE
GLITTER
GLOW
GOLD
HALO
IDEA
JEWELS
LAMP
LIGHT
METAL
MIRRORS
MONITOR
MOON
NEON
RAINBOWS
SHINE
SILVER
SKY
SMART
SMILE
SNOW
SPARK
STAR
SUN
TEETH
WHITE
YELLOW

Bright Things

W E T Y T E E T H H Z Y K S
O L E Z E R L C S H I N E E
N A B R V L A A N Y N M Q Y
S W P D I V L M G W H I T E
M W M N T F L O S T O R E C
I F A O D G L D W T P R L H
L G L O W D X I O E A O D I
E I L M Y V E A B D T R N L
B K G A M Q S M N H K S A D
L R D H R G J O I A Z N C R
U A Y C T E D N A L E N E E
B P T A W N G D R O Y T Q N
H S T E E I M O N I T O R A
X S L B M U N U S I L V E R
T S C A R S R O L O C D K U
I O W Y H S Z G N W I U N R

Solution on Page 332

ACTORS
ADVENTURE
ALIEN
BEAM
BONES
BOOKS
BRIDGE
CAPTAIN
DATA
EARTH
ENTERPRISE
FANS
FEDERATION
FICTION
FILM
FRANCHISE
FUTURE
GALAXY
KIRK
KLINGON
MCCOY
MOVIE
PICARD
PLANETS
SCIENCE
SCOTTY
SERIES
SHATNER
SHIP
SPACE
SPOCK
STARS
SULU
TRAVEL
TREKKIE
TRIBBLES
UHURA
VOYAGER
VULCAN
WORMHOLE

The World of Star Trek

F R X N O I T A R E D E F W
A V R E N T A H S K O O B E
S S H I P E S I H C N A R F
S E L B B I R T L I D U S S
E I V O M P R U A A T T P U
E R B N R A V T T U E A I L
I E D E E U P A F N C L C U
K S T S L A J G A E E E A V
K N G C C L K L N L B V R O
E L A O O I P L O G R A D Y
R N L T K E E H I K I R K A
T K A T N N M N T N D T M G
B C X Y S R O T C A G A F E
D O Y Y O C C M I E E O A R
V P A W I M L I F B A E N Z
Q S R A T S A R U H U W S R

Solution on Page 332

ALPHABET
ARMY
AVIATION
DAHS
DASHES
DECODE
DISTRESS
DITS
DOTS
EMERGENCY
HELP
HISTORY
LANGUAGE
LETTERS
LICENSE
LONG
MARK
MESSAGES
MORSE
NAVIGATION
NUMBERS
NUMERALS
OLD
OPERATOR
PILOTS
PULSES
READ
RECEIVER
RHYTHM
SEQUENCE
SHORT
SIGNALS
SOUNDS
STRAIGHT KEY
TAP
TELEGRAPHIC
TRANSLATE
WAR
WIRE
WPM

Morse Code Message

D R X H I S T O R Y M R A D
W O S D N U O S M P W K R A
D I T S M A R K P U L S E S
W A R S E M E R G E N C Y H
D F A E S L I C E N S E L E
I D N C S T O L I P K N A S
S T S N A V I G A T I O N L
T E L E G R A P H I C I G A
R B A U E S O G A R L T U N
E A T Q S L I T E T E A A G
S H E E D A H V A I T I G I
S P B S R R I P U R T V E S
D L L T D E C O D E E A G H
A A S E C M H T Y H R P N O
E Q H E H U E M O R S E O R
R Q R S A N U M B E R S L T

Solution on Page 333

AMERICAN
AUTHOR
BIOGRAPHY
CALIFORNIA
CLASSIC
COOKING SHOW
CULTURE
DINNER
EMMY
FILM
FOOD
FRENCH COOKING
GOURMET
JACQUES PEPIN
JULIE POWELL
KITCHEN
MASTER CHEF
MERYL STREEP
MOVIE
OVEN
PERSONALITY
POTS
PROGRAMS
PUBLIC
RECIPES
SMITH COLLEGE
SMITHSONIAN
SPY
TALL
TV SHOW
VOICE
WAY TO COOK
WINE
WOMEN

Julia Child

Q A P P M K O O C O T Y A W
W I N E A R E C I P E S F O
F N I R S O C S E U I J I H
N R P S T H I P R B V U L S
Y O E O E T S Y U L O L M G
H F P N R U S N T I M I P N
P I S A C A A A L C T E R I
A L E L H H L I U H E P O K
R A U I E L C N C R A O G O
G C Q T F B E O T W M W R O
O D C Y S H L S O N E E A C
I O A N C L L H K K R L M E
B O J T E Y S T O P I L S M
W F I G R V O I C E C N M M
G K E E T W O M E N A G G Y
T E M R U O G S R E N N I D

Solution on Page 333

ACADEMY AWARD
ANIMATION
BEAST
CAMERON DIAZ
CHARACTERS
CHILDREN
COMEDY
DISNEY
DONKEY
DREAMWORKS
DVD
EDDIE MURPHY
FAIRY TALES
FAMILY
FANTASY
FILM
JOHN LITHGOW
KIDS
KING
KISS
KNIGHT
LORD FARQUAAD
LOVE
MIKE MYERS
MONSTER
MOVIES
MUSICAL
OGRE
PIXAR
PRINCESS FIONA
PUSS IN BOOTS
RESCUE
SHREK
VIDEO GAMES

Shrek

D V D R E A M W O R K S K T
L O G R E T S N O M I Z E S
P U S S I N B O O T S M R A
S R E T C A R A H C S I H E
L V I D E O G A M E S K S B
J O H N L I T H G O W E Z A
P N R X C S E I V O M M A N
I E D D I E M U R P H Y I I
K I N G F L S L C P Y E D M
Y S A T N A F S I S D R N A
K N I G H T R X F F E S O T
D O N K E Y A Q L I M R R I
C H I L D R E N U L O V E O
Q D L A C I S U M A C N M N
S D R A W A Y M E D A C A O
Y L I M A F Y E N S I D C K

Solution on Page 333

ANIMAL
AXLE
BIT
BUCKBOARD
BUGGY
CAB
CHARIOT
COACH
COUNTRY
DRAY
DRIVE
EQUIPMENT
FARM
GIG
HARNESS
HORSE
LOAD
MULE
OLD
OXEN
PARK
PASSENGER
PEOPLE
PLOUGH
PULL
RIDE
ROAD
ROMANTIC
SCHOONER
SEAT
SLED
STREET
SULKY
SURREY
TEAM
TRAP
VEHICLE
WAGON
WHEEL
WHIP

Horse-Drawn Vehicle

U X G G K R A P L O U G H W
G F S B L Y D W A G O N D B
F Y T E E R T S M A E T A L
Q A D R A E L C I H E V L F
Z I R Y O T X H N J Y L L L
R U E M W M B O A R H I U F
S Q L H D N A O T D O D P M
C I P A S S E N G E R F Z C
D A O R R T U E T A S I O F
L L E N S O I R O I E A V L
O L P E C Y S B G L C P I E
P M H S U L K Y X H Q A Y E
T U K S G C H A R I O T B H
U R E Q U I P M E N T X L W
H E A B U G G Y A X S L E D
S Q L P I H W R X S B R T N

Solution on Page 333

ALGERIA
ARID
ASIA
BERBERS
BIG
CAMELS
CHAD
CHEETAH
DESERT
DROUGHT
DUST
ECOREGIONS
EGYPTIANS
FLAT
GAZELLE
GOATS
HEAT
HOT
LANDFORM
LARGE
LIBYA
LIZARDS
MASSIVE
MOROCCO
MOUNTAINS
NIGER
NOMADS
PLAINS
PLATEAUS
RED SEA
SAHARA
SCORPION
SUDAN
TIMBUKTU
TRADE
TUNISIA
VIPER
WATER
WIND
WOODLANDS

Around the Sahara

S U D A N I G E R E D S E A
N E M R E T A W I N D P L R
Q D L O X A I R E G L A L A
D A I S U H N O M A D S E H
U R Z N D N B H T E J S Z A
S T A O G N T E L E N I A S
T O R I W J A A R A G V G T
A C D G T U N L I B A R R M
L C S E S D D T D N E E A A
F O C R F A P I N O S R I L
C R O O H Y H M R E O S S I
A O R C G I B B D A A W I B
M M P E D R O U G H T O N Y
E V I S S A M K O T A U U A
L S O C H E E T A H E A T U
S S N I A L P U V I P E R P

Solution on Page 334

ANGUS
ANIMAL
BOVINES
BRISKET
BROILING
BULL
CALF
CATTLE
CHICKEN
CHUCK
COOKING
COWS
CUISINE
CUTS
DINNER
FARM
FEED
FILET
FLANK
FOOD
GRILL
HAMBURGER
INDUSTRY
JERKY
KOBE
LEAN
MEATLOAF
POT ROAST
PRIME RIB
PROCESSED
PROTEIN
RANCHER
RARE
RECIPES
RED MEAT
SANDWICH
SHANK
SIRLOIN
SMOKED
STEAKS

Beefy

G C U I S I N E J F C R I C
N F F A A B C H I C K E N O
L A M I N A R L Z B O C D W
E R E N D G E O B U B I U S
L M L L W T U G I L E P S T
T E K S I R B S R L K E T E
T P R O C E S S E D I S R A
A F V H H T Y V M R A N Y K
C F U S H A N K I O A P G S
T C G H A M B U R G E R N I
K A R D E E F T P E I O I R
N M E A T L O A F L J T K L
A C N M A P P K L J P E O O
L U N C D E K O M S J I O I
F T I K S E N I V O B N C N
P S D O O F R E H C N A R B

Solution on Page 334

ARSON
ASH
BURNING
CANDLE
CHARCOAL
COLOR
COMBUSTION
CONTROLLED
COOKING
DAMAGE
DANGER
DRILL
EMBER
EXTINGUISH
FLAMMABLE
FUEL
GLOW
HEAT
HOUSE
HUMAN
ICE
IGNITE
KINDLING
LIGHT
MEN
OIL
ORANGE
OXYGEN
PROCESS
RED
SMOKE
SOOT
STATION
STOVE
TINDER
WARM
WATER
WILD
WOOD
YELLOW

On Fire

A W N D I W W C S C E J W W
B T L R O O O A E S F D A A
T D E L L O R T N O C U T R
I M G L K S H E O O D Z E M
N Q E I O G G L M T A B R L
D Y N N I Y A B C R M J W Q
E G N L X O U A I E A I D A
R X P O C S N M G G G H W G
P N T R T D W M N N E O U Y
R R A I L P I A I A O B E K
O H O E N V L L T D U L V I
C N M J U G D F E R O L O C
E S U O H N U O N D I I T E
S T A T I O N I H D E R S O
S M O K E L N H S A S D N F
T O R A N G E C Z H U M A N

Solution on Page 334

BAG
BLADE
CATCHER
CHORES
CLIPPINGS
CUT
CYLINDER
ENGINE
FIELD
GAS
GRASS
HANDLE
HOME
LANDSCAPE
LAWN
MACHINE
MANUAL
MOW
MULCH
OIL
POWER
PUSH
RACING
REEL
RESIDENTIAL
RIDE
ROBOTIC
ROTARY
ROUNDS
SAFETY
SUMMER
TOOL
TORO
TRIM
WEEDS
WHEEL
YARD

Lawn Mower

I M N L D G N E N N R S S F
R M W R O G R P S R D E R E
T L A U N A M A E N E P E L
E Y L C S B F D U H P D W L
C I R V H E N O F C A W O M
A T T C T I R O I L C I P L
T U M Y L O N O B U S I G S
C E O Y Z I R E H M D W C M
H S C E D G P O N C N H N H
E R A N N R Z P I T A E D G
R E S I D E N T I A L E L R
M U C G T W O H A N D L E A
I A W N E B T R O Q G M I S
R I D E O O K G G M M S F S
T P D R O T A R Y U E S G Y
H S F L U S P U S H G V D Q

Solution on Page 334

AMERICA
CARS
CHICAGO
CITIES
COACH
COMMUTER
COMPANY
DIESEL
DINING
ENGINE
FARE
FAST
FEDERAL
FUNDS
GOVERNMENT
INTERCITY
LOCOMOTIVE
NATIONAL
NIXON
PUBLIC
RAILROAD
RAILWAY
ROUTES
SCHEDULES
SEATS
SERVICE
SLEEPER
SLOW
SPEED
STATIONS
TICKETS
TRACKS
TRAINS
TRAVEL
TRIP
TUNNELS
USA
VANCOUVER
VIEW
WASHINGTON

All Aboard Amtrak

T R A I N S P E E D F A R E
N O X L A R E D E F L E S C
O U S K C A R T R A Y N C I
X T L S I C V E N T O G O V
I E O L R I T O I I R I A R
N S C O E U I C T E I N C E
Y T O W M T R A P L C E H S
L E M M A E T E A O S S I A
E K O N T S E L U D E H C S
V C T N A L H V G A I U A L
A I I F S Q E I T N T S G E
R T V P I R T S N K I A O S
T N E M N R E V O G C N V E
F U N D S L E N N U T H I I
Y A W L I A R A I L R O A D
L T P U B L I C O M P A N Y

Solution on Page 335

ACTOR
AMERICAN
ART
AUDIENCE
BALLET
BROADWAY
BURLESQUE
CAST
COMEDY
COSTUMES
CULTURE
CURTAIN
DANCE
DIALOGUE
DIRECTOR
DRAMA
EVENTS
FILMS
LIGHTS
MOVIE
MUSIC
NATIONAL
NEW YORK
OPERA
PLAY
PROPS
REALISM
REGIONAL
RENT
REVIVAL
SCENERY
SEATS
SHOW
SINGING
SONDHEIM
STAGE
STORY
TICKET
TRAGEDY
WESTERN

Theater of the United States

N T E K C I T S A C W O H S
K R O Y W E N D R A M A T P
S A E E C U R T A I N Z H R
E G A T S Q S S T N E V E O
P E C L S S M L I F C G U P
J D L A M E R I C A N E G S
N Y L N O L W G Y D E M O C
G R A O V R E F I C I N L A
N O N I I U B R O A D W A Y
I T O T E B E S U H U L I R
G S I A T C T S E T A F D E
N T G N T U T I E V L I V N
I U E O M H M L I J P U P E
S R R E G U L V M U S I C C
F M S I L A E R N S T A E S
Y A L P B R O T C A R E P O

Solution on Page 335

ACID ROCK
ALBUMS
AMPLIFIER
BAND
BARITONE
BLUES
CONCERTS
DEATH
DRUGS
ENGLAND
FAMOUS
FEEDBACK
FIRE
FOXY LADY
FREEDOM
GUITARIST
HARD ROCK
HEROIN
HEY JOE
HIPPIE
LEGACY
LONDON
LSD
MARIJUANA
MONTEREY
MOVIE
MUSICIAN
OVERDOSE
POPULAR
PRODUCER
RECORDING
SCARVES
SEATTLE
SINGER
SIXTIES
VIETNAM
WOODSTOCK

Jimi Hendrix

E R I F R S U O M A F N N E
K C A B D E E F R D H A O N
W C E A B A I G A O T I D G
D O S N L T H F C S A C N L
R N O D U T M F I Y E I O A
U C D D E L R R D L D S L N
G E R L S E A A R R P U C D
S R E S E T L M O E O M H M
I T V D I Y O C C G P A A A
X S O U X N E C K N U R R N
T M G O T R R C K I L I D T
I F F E I P P I H S A J R E
E S R E C U D O R P R U O I
S E V R A C S M U B L A C V
Y C A G E L H E R O I N K O
H E Y J O E N O T I R A B M

Solution on Page 335

ANIMALS
CAMOUFLAGE
CHORDATA
CUTE
DOLICHOHIPPUS
DOMESTICATED
ENDANGERED
EQUINE
EQUUS ZEBRA
FOREST
FUR
GALLOP
GRASSLANDS
GRAZER
HABITAT
HAREMS
HERDS
HIPPOTIGRIS
HOOF
HORSES
MAMMALS
MANES
PATTERN
PLAINS ZEBRA
PREDATOR
QUAGGA
RARE
SAVANNAS
SPECIES
STALLION
TAIL
UNGULATE
WILD
WOODLANDS
ZEBROID
ZOO

Zebras Are Cool

T A I L Z E B R O I D L I W
Y U N G U L A T E Q U I N E
D W O O D L A N D S E N A M
S O I N E G A L F U O M A C
P G L A T A D R O H C U T E
E R L I A R B E Z S U U Q E
C A A T C S L A M I N A N N
I S T A I H A G G A U Q R D
E S S T T R O N A Z O O E A
S L E I S E H H N L T X T N
M A R B E Z S N I A L P T G
E N O A M A T M D P V O A E
R D F H O R S E S Y P A P R
A S O K D G R A R E Q U S E
H O H I P P O T I G R I S D
F U R M A M M A L S D R E H

Solution on Page 335

ANGER
BABY
BAWL
CHILD
CRY
DUCT
EMOTION
EYES
FEELING
GRIEF
HAPPY
HORMONES
HUMANS
HURT
INFANT
JOY
LAUGHING
LOSS
LOUD
MOANING
NEWBORN
NONVERBAL
ONIONS
PAIN
REFLEXIVE
RELEASE
RESPONSE
SAD
SHEDDING
SOB
STRESS
TANTRUM
TEAR
TISSUES
TODDLER
UPSET
WAIL
WEDDING
WEEP
WHINING

Crying

G N W H I N I N G C H J O Y
P N O I T O M E E U J R B C
R T I S S U E S R W P A S F
H W R D R A E T F C B S S F
Q N E S D R S N O I N O E C
U V O E Z E S N O P S E R T
A E W N P F H C H I L D T N
N T E O V L A S N I A P S S
G A D M S E Y G N I N A O M
E N D R E X R G G D W B L K
R T I O Y I C B A W L O U D
H R N H E V E S A E L E R G
A U G F G E M R E L D D O T
P M K A H U M A N S S O L C
P M G I N F A N T I D T G U
Y O A A W A I L Y W P G B D

Solution on Page 336

AFRICAN
ARTISTS
BEATS
BEENIE MAN
BLUES
BOB MARLEY
DANCEHALL
DUB
FESTIVAL
HORNS
ISLAND RECORDS
JAMAICAN
KEYBOARDS
LOVE
LYRICS
MUSIC GENRE
MUSICIANS
ORGAN
PEACE
PERCUSSION
PETER TOSH
POLITICAL
RASTAFARI
RHYTHM
ROCKSTEADY
SINGER
SKANK
SNARE DRUM
STYLE
SWING TIME
TEMPO
THE WAILERS
WALKING BASS

Reggae Music

J X I J S E M I T G N I W S
T L B R A R S B E A T S I N
E L A O A M E T S T Y L E A
M A W V B F A L S T R A C G
P H F A I M A I I I F N A R
O E T R L T A T C A T D E O
L C T Y I K S R S A W R P C
I N N E H C I E L A N E A K
T A F A R R A N F E R C H S
I D U B M T Q N G C Y O B T
C I S E U E O C U B T R L E
A S N A I C I S U M A D U A
L Y R I C S S N H L D S E D
E V O L U I P R E G N I S Y
Y X H M O M U R D E R A N S
S K A N K S D R A O B Y E K

Solution on Page 336

AUTO
AVALON
BRAND
CAR
COMPACT
COROLLA
DEALERS
DESIGN
DRIVE
ENGINE
FACTORY
FOREIGN
GLOBAL
HYBRID
IMPORT
JAPAN
LEXUS
LOGO
MATRIX
MODELS
MOTOR
PARTS
PLANT
POPULAR
PRIUS
QUALITY
ROBOTS
SAFETY
SALES
SCION
SEDAN
SIENNA
SUV
TACOMA
TERCEL
TMC
TOKYO
TRUCK
TUNDRA
YARIS

Toyota

W A Q M R J W T Q J S M S B
O M S I S G W O Y O A A P T
Y S A F E T Y S T M L P L V
K P F T H M S U X E L T A K
O G O L R Y A V S E A N N N
T R O P M I B O C C N Q T O
M P R I U S X R O E Y U R I
D N A R B L E M I C R A U C
T L M T O T A S O D O L C S
U A O W M B F R W E T I K I
N B D B F C O M P A C T E R
D O E E A L R T E L A Y N A
R L L R L O E V S E F R I Y
A G S A T X I S T R A P G R
N E F O V R G D E S I G N S
G W M M D A N C W N A D E S

Solution on Page 336

ANXIOUS
AUGUST
BLUSH
BUS
CACTUS
CHORUS
CIRCUS
CLUSTER
COUSIN
CURIOUS
CUSHION
CUSTOM
DISCUSS
DUSK
DUST
EXHAUST
FAMOUS
FOCUS
FURIOUS
GENIUS
HUSBAND
HUSH
JEALOUS
JUST
MINUS
MUSCLE
MUSIC
MUST
PLUS
PUSH
RADIUS
RUSH
RUST
STATUS
THUS
TUSKS
USE
USING
USUAL
VIRUS

US Words

E O R N E K T E F Z K O O N
R B U B N F J S L Q F E J S
S G S T A T U S U C R I C U
L N H C A C T U S M S C D O
G I S J E A L O U S H U V M
J S U I D A R I O O S I M A
J U L V U N K R R T R T M F
T U B G S X A U G U S T U X
H U S H K I S C S U P R U G
S L S T K O L V A D I D E L
U M K K C U S H I O N N A F
P T O I S S X S U A I U O A
A S S T U E C S B U S C S M
S U E N S U O S S U U U Z E
M R I U S U U Y L S O V H G
M M B S W H C P L B C X H T

Solution on Page 336

AIR RACING
AIRPLANE
AMERICAN
ATCHISON
AUTHOR
AVIATION
AVIATRIX
BIPLANE
BRAVE
CELEBRITY
COURAGE
CRASH
DES MOINES
EUROPE
EXPERIENCE
FASHION
FEMALE
FEMINIST
FIRST
HERO
HISTORICAL
ICON
KANSAS
KNOWLEDGE
LEGEND
LOST
MARY
MISSING
MYSTERY
NURSING
PILOT
PIONEER
RECORDS
SCIENCE
SEARCH
SKILL
USA
WAR
WIFE
WOMAN

Amelia Earhart

G W Y R E T S Y M A R Y O X
C N O S I H C T A W I F E F
R O I M U S A I R P L A N E
S N U S A M E R I C A N A M
E F O R R N E B O R E H L I
A A G I A U C E I C O N P N
R S N A T G N L N W B A I I
C H I U G A E E H R A I B S
H I S T O R I C A L J R Q T
M O S H D C R V E P O R U E
H N I O S E E S A S N A K C
T T M R E L P S D R O C E R
O S C N A A X I R T A I V A
L R O M Y D E S M O I N E S
I I E L K N O W L E D G E H
P F D N E G E L L I K S Y U

Solution on Page 337

AIR
BALL
BUCKET
CAVITY
CHAMBER
CLEAN
DEVICE
DIAPHRAGM
DRINKING
FLOW
FLUID
FUEL
HOSE
HYDRAULIC
INFLATE
LABOR
LEISURE
LEVER
LIFT
LIQUID
MANUAL
MARINE
MOVE
OPERATOR
PISTON
PLUNGER
PRESSURE
PUMP
ROTARY
RURAL
SIPHON
SUCTION
TANK
TIRE
TOOL
VALVE
VILLAGE
WATER
WELL
WORK

Hand Pump

V W U T R S P U M P P T X A
N A A G R Z C T O O L I I J
A O L T M A N U A L V R S P
E N H V E G D E V I C E U P
L F O P E R A T O R Y T C L
C R H T I S O R E O R A T U
T V T F S S O B H Z O L I N
A P E I F I M H E P B F O G
N A R L U A P C G F A N N E
K O U E H Y D R A U L I C R
F I S C S W J E L V K O D O
D T I L E S N R L N I L W T
L R E L D I U Q I L E T Y A
N U L I R R B R V V G I Y R
F A G A A C D T E K C U B Y
B K M L Y K K R O W W X O N

Solution on Page 337

AIRPLANE
ANIMAL
BACK
BALANCE
BIRD
BODY
BOTTOM
CAT
CHASE
COW
CURLY
DEER
DOG
END
FEATHERS
FISH
FLEXIBLE
FOX
FURRY
HAIR
HORSE
KITE
LION
LIZARD
LONG
MAMMALS
MONKEY
MOUSE
PART
PIG
PONY
RAT
REAR
REPTILES
RUMP
SCUT
SECTION
SWISH
TORSO
WAG

Tails

N A D K T T Q T R S U S O U
L H Y D U A E S A H C U W V
N J M K R M O N K E Y U W F
A Z F E Y A I X M E X U T T
F O T E C M Z Y R D P O N Y
X I Y V A N O I T C E S Y E
K V S L M T A F L B I R D L
B W E H A H H L Q W E O O R
C B L O M A D E A A O T B G
O X I T M C N X R B A C K I
G K T R A A E I M S L M V P
H C P A L T A B O T T O M W
S O E P S I Y L R U C U N A
Y R R U F K O E A E R S A G
P I H S I W S N T B E E P O
A S A D E A F E T G W D Y D

Solution on Page 337

ARBOR
BARK
BED
BRANCH
CABINET
CATKINS
CHAIR
CHEST
CORK
DESK
DOORS
DURABLE
FLOWERS
FRUIT
GROW
HABITAT
HARD
LARGE
LEAF
LIVE
MIGHTY
NUT
OLD
PLANT
QUERCUS
RED
ROOT
SEED
SHADE
SHRUB
STRONG
STURDY
TABLE
TALL
TANNIN
TRUNK
WATER
WHITE
WINE
WOOD

Oak

M H A S A K S E D G B K K L
S H A D E J B E T T N C T L
I Y O O W E O Q O I H W E A
I O D O G L D O N A H A J T
W S R R D B R N I K F W J I
P G A S U A A R B O R H I E
R L C P Y T H G I M U A K E
V I A V Y R S C H E I F B W
T V R N E U T D N C T E D P
S E O T T N W E A A T U N E
D H A G X K R B B U R H S C
P W D N S N I K T A C B E B
Q I D O K N H A B I T A T B
F N M R E T F L O W E R S N
H E O T Q U E R C U S C T H
R C T S E H C F J P O J A B

Solution on Page 337

ACADIA
AMERICA
BANGOR
BAR HARBOR
BEACHES
BLUEBERRY
BOAT
CANADA
CHICKADEE
CLAMS
COASTLINE
COLD
CRAB
EAST COAST
FISHING
FORESTS
HUNTING
ISLAND
LOBSTERS
MAINE COON
MAPLE SYRUP
MOUNTAINS
NEW ENGLAND
NORTH ROCK
NORTHERN
PINE TREE
PORTLAND
SALMON
SCENERY
SEAFOOD
SHIPBUILDING
SNOW
USA
WINTER
WOODS

Trip to Maine

R U A I P A D K C A N A D A
O W M S U I W C N E H S O L
G I E L R D O O T A N U O O
N N R A Y A O R A S O Y F B
A T I N S C D H O T R R A S
B E C D E A S T B C T R E T
P R A N L W R R M O H E S E
N I I R P I E O D A E B C R
O A N H A S U N R S R E H S
M B F E M N A B G T N U I T
L A E A T L O N P L E L C S
A R L A T R I G S I A B K E
S C I R C T E U F N H N A R
Q N O O N H W E Q E O S D O
S P L U Y R E N E C S W E F
V D H G N I H S I F A Q E X

Solution on Page 338

BAIT
BOAT
CAST
CATCH
COMMERCIAL
CORACLE
CRAB
DIP
DRIFT
FISH
FLOAT
HAND
HAUL
HOLD
HOOK
KNOT
LAKE
LURE
MESH
NET
NYLON
OCEAN
PLANKTON
POLE
RIVER
ROD
SALMON
SCOOP
SEA
SHRIMP
SILK
SNAGGING
TACKLE
TANGLE
THREAD
TRAP
WATER
WOOL
WORK

Fishnet

C L E B E H A K G J C H H S
K T B O G A X T H C M W M Z
K R P L A N K T O N Y Q B P
L A C O Y D I M A H K O O H
W P N L C D M G F C A S R I
X E O T U E V O G T A O L F
W N L O R A A F S A L M O N
T S P C C E H N I C N Z D O
T E I I A S T Z P S W S B W
B A E L D R D A E R H T A O
L E C R K L O B W R E V I R
P R I K O I C C I B R A T K
L F W H L E X M A H E R N Y
T A N G L E P R T S L O O W
E J K O A H C H E E T D S I
W Q P E R U L I U M N I P D

Solution on Page 338

ATTACH
ATTACK
ATTEMPT
ATTEND
ATTIC
ATTRACT
BATTER
BATTING
BATTLE
BETTER
BETTING
BITTEN
BITTER
BOTTLE
BOTTOM
BUTTON
CATTLE
CHATTER
COTTAGE
COTTON
DOTTED
FATTER
FATTY
FITTED
HOTTER
KETTLE
KITTEN
LATTER
LETTER
LITTER
LITTLE
MATTER
NETTED
PATTED
POTTED
PRETTY
RATTLE
SETTEE
SETTLE
UTTER

TT Words

R R E T T A H C O F E D D D
N E T P M E T T A R L E E R
E T T G N I T T A B T T E E
T T R T C R T T R T T T L T
T A E I E Y T E O A A I T T
E L T T I L T D P M C F T A
D T T P E T J G N I T T E B
A I A G E D D A R Y C G K S
L B M B M H N A T T A C H E
K D M Z O B N E T T I B H L
I E O O U T L O T U A O L T
T T T T Q T T O T T T C V T
T T T Y T K C L E T A T K E
E O O A F A T T E R O E E S
N P B I T T E R U A M C Z R
Q Y T T E R P E E T T E S X

Solution on Page 338

ACTIVIST
ALABAMA
ATLANTA
BAPTIST
BLACK
CHILDREN
CHURCH
CORETTA
COURAGE
EQUALITY
FATHER
FREEDOM
GEORGIA
HISTORY
HOPE
ICON
JAIL
KILLED
LEADER
LEGACY
MARCHES
MEMPHIS
MINISTER
MOVEMENT
NAACP
ORATOR
PEACEFUL
PREACHER
PROTEST
RACISM
RELIGION
REVEREND
SELMA
SHOT
SOUTH
SPEAKER
SPEECH
STRUGGLE

Martin Luther King

H G E O R G I A T N A L T A
I Q R Y C A G E L M O S V S
S D N E R E V E R A S P S O
T H A L L A V A O R B E E U
O C A G S I T P T C C A L T
R R C G P T G M A H O K M H
Y U P U E T T I R E U E A A
T H K R E O S N O S R R E L
I C O T C H M I E N A N U P
L C H S H S C S T M G F R S
A C T I V I S T I P E E H I
U D E L L I K E K C A V H H
Q O L E A D E R A C A B O P
E F A T H E R E H B A R P M
T S E T O R P E J A I L E E
I M O D E E R F N O C I B M

Solution on Page 338

BAKED POTATO
BOILED
BUTTER
CARBOHYDRATES
CHIVES
COOK
CROP
CULTIVATED
DINNER
EYES
FAMINE
FLAKES
FOOD
GARDEN
GRAVY
GROUND
HASH BROWNS
MEAT
NUTRITION
PANCAKES
PEEL
PLANT
POTASSIUM
RED
ROOT
RUSSET
SALAD
SCALLOPED
SKINS
SOLANACEAE
SPUDS
STAPLE
STARCHY
SWEET
TOPPINGS
TUBER
VEGETABLES
WHITE
YAM
YUKON GOLD

Sack of Potatoes

E F P E E L R Y B F N M J Y
C G S L P J E U H U U E V C
U A D Y A M B K C C T A E O
L R R E D N U O R G R T T O
T D S B P T T N O G I A E K
I E B E O O C G P H T N T R
V N S O K H L O W O I S S S
A S R S I A Y L P M O E N E
T S N V U L L D A N N L W Y
E Y E I K R E F R C X B O E
D S Q K K K M D X A S A R D
F P O T A S S I U M T T B I
O G B B N C S T A P L E H N
O T O P P I N G S A B G S N
D A L A S O L A N A C E A E
R T E E W S D U P S Y V H R

Solution on Page 339

ACOUSTIC
AIR
ALARM
AMPLITUDE
BARRIER
BOOM
BUZZ
CLAP
CRASH
DECIBEL
DIN
EAR
ECHO
ENERGY
FREQUENCY
LEVEL
LISTEN
LOW
MUSIC
NOISE
PHYSICS
PIANO
PITCH
PRESSURE
RING
SENSE
SILENCE
SINGING
SOFT
SONG
STATIC
STEREO
TALKING
THUNDER
TONE
TRANSMIT
VOICE
VOLUME
WAVE
YELLING

Sound

S O I V M F N M E P I T C H
J I W O P I A N O E R E T S
C G O I V O L U M E N T O A
H B L C P H Y S I C S L N R
X U S E N S E R A J S E E C
Q Z X P A E R S M X I B U I
E Z A A G A U T P A L I Y S
N V L L B R S A L K E C G U
T Y A C O U S T I C N E T M
A E R W T I E I T E C D F I
L L M I N E R C U W E B O N
K L B G N K P Q D N O I S E
I I I E B G E R E D N U H T
N N R C T R A N S M I T D S
G G E H F D I N I Q J P M I
Y G N O S X R X G L E V E L

Solution on Page 339

ACT
ATTITUDE
BEHAVIOR
BLINK
BOW
CLOTHING
CODE
CUE
DANCE
EYE
FROWN
GAZE
GESTURE
GLANCES
HAND
HEAD
HUG
KINESICS
KISS
LIPS
LOOK
MESSAGE
MOTION
MOVEMENT
NOD
POINT
POSTURE
SHAKE
SHRUG
SIGN
SILENT
SMILE
STRESS
STYLE
TAP
TOUCH
VISUAL
WAVE
WINK
WRITING

Nonverbal Communication

I X S H E A D C F W S V D X
A A M L L L S H R U G P P A
A M Y K I N L O O K O O S T
M T O P M G J U W I S S O G
S B S V S I L E N T E U E L
H H L J E S E T U R C Z G I
F U M I E M Y R T H N N A J
K G L A N C E S H B A I S V
L T Q F A K I N E S D Z S W
N A C T G N I H T O L C E A
O O U U V H A N D P I X M V
D E I S E V D G E S T U R E
E D U T I T T A E D O C T K
Z C A O O V G N I T I R W A
A P R S S M I B C U Q V B H
G H S S I K N I W O B D P S

Solution on Page 339

AUTO
BEAM
BLACKSMITH
BRIGHT
BUILDING
BURN
CRAFT
DANGEROUS
ENERGY
EQUIPMENT
EXPERIENCE
EYE DAMAGE
FIRE
FLAMES
FLUX
FORM
FRICTION
FUSION
GLOVES
GOGGLES
HEAT
HELMET
HOT
INDUSTRY
IRON
JOINING
LASER
LIGHT
MATERIAL
MELTING
METALS
MOLTEN
SHIELD
SKILL
SOLDERING
STEEL
TORCH
TRAINING
WELD POOL
WORK

Welding Together

Y B T E M L E H E N E R G Y
R Z N N R U B U I L D I N G
T P E D E I E T O H N M I N
S A T M S M X O H O G E N I
U U L F A T P U R G N T I N
D T O I L D E I L Z I A A I
N O M R L H R E U F T L R O
I N H E E E I G L Q L S T J
Q O W A F G E A O L E E F D
T I T H U S N M B G M V L L
H T I M S K C A L B G O A E
G C T B I I E D D F R L M I
I I F S O L D E R I N G E H
R R A M N L S Y F O R M S S
B F R L A I R E T A M A E B
Q H C R O T W O R K D K Q D

Solution on Page 339

NAIL
NAKED
NAME
NAMING
NANNY
NAP
NARROW
NASTY
NAVAL
NAVY
NEAR
NEAT
NECK
NEED
NERVE
NEST
NET
NEVER
NEW
NEXT
NIB
NICE
NIGHT
NINE
NINTH
NOBLE
NOD
NOISE
NOISY
NONE
NOON
NOR
NOSE
NOT
NOUN
NOVEL
NOW
NURSE
NUT
NYLON

Starts with an *N*

H P U S G Q X C E F Y N A P
D O T E N R C N L J S I G T
T G N G O E X E B E I N A J
C B Y F S Y T S O E O E N E
O Q T X E N H T N I N E E D
K P S R T I A N J E M A N U
A G A D E B W Y V A N V E N
B X N D S V O E A Y O S N M
Q M E I E H R X R D R L O P
V M C R M K R E V U A W N B
A Y K V W A A Y N V E N F R
G I N R T O N N A N A L A N
F G Y U K Y I N O I S E P O
S A N G L N G A L C N V N U
O O I O M D H N M E N O O N
B H N N T W T M D D O N W J

Solution on Page 340

BASE
BUILD UPS
BUSTED
CATCH
CHASE
CHILDHOOD
CHILDREN
DOBBY
DODGE
EXERCISE
FAST
FINGERS
FREEZE
FUN
GAME
HAND
HIDE
HOME
KIDS
LASER
LAUGHTER
MANHUNT
MARCO POLO
OUT
PAINTBALL
PLAY
RECESS
RED ROVER
RUN
SAFE
SCHOOL
SHADOW
SPORT
TAG
TEAM

Game of Tag

Y S O D O D G E D I H H L T
F W O D A H S X C U C W Y C
R U L V T R C E H T S A F E
T Y O A E E D R A V L H I T
I H G G A T L C S P O O D L
R U N V M H P I E M P W O U
M I C K C G R S E A O O B Y
F K W H K U L E I R H J B X
D T W B I A U N V C N B Y S
M T H R S L T S S O B U P F
I N K E E B D G P P R U F N
D U R I A C T H D O D D R T
C H I L D R E N O L R S E L
E N L T S S A S I O E T E R
G A M E A H Y U S W D A Z X
Z M S B P E B U S T E D E J

Solution on Page 340

ACTIVITY
ADVENTURE
ARTS
BOYS
BUNKS
CABINS
CAMPFIRES
CAMPING
CANOEING
CHILDREN
CRAFTS
DAY CAMP
FISHING
FRIENDS
FUN
GAMES
GIRLS
GROUPS
HEAT
HIKING
HOT
KIDS
LAKES
LEADER
LEARNING
NATURE
OUTDOOR
SCOUTS
SING
SONGS
SPORTS
SUMMER
SUNSHINE
SWIMMING
TEAMS
TENTS
TRAVEL
VACATION
WEEK
WOODS

Summer Camp Fun

S D W T E N T S Y O B V H L
L T C E Y T I V I T C A E E
R E D A E L N O I T A C A V
I S S M B J N J S D M Z T A
G P D S D I K K V S P U G R
S U N S H I N E N U F N N T
T O E T X U N S Y S I E I S
F R I R B T D I G E R R N G
A G R A U P G G O M E D R N
R N F R X M N N F A S L A O
C I E O O A A I I G U I E S
G K J O S C T P S M M H L P
K I T D I Y U M H S M C J O
E H O T N A R A I M E I C R
E O H U G D E C N D R X W T
W S C O U T S B G L A K E S

Solution on Page 340

PACE
PACK
PAD
PAGE
PAID
PAIL
PAIN
PAIR
PALE
PALM
PAN
PARK
PART
PASS
PAST
PAT
PAW
PAY
PEA
PEEL
PEEP
PEG
PEN
PER
PET
PICK
PIE
PIG
PILE
PIN
PIPE
PIT
PLAN
PLAY
PLOT
PLOW
POP
POT
PUB
PUT

Starts with a *P*

Q E U C D I M O P Y L B G P
F L F N E A Q P I G Q P U T
Y N I K C A P I L E K T I P
A A O A A R D P E A W B I J
P K C I P I F P I A Y N T S
S X S A A A I M O E E A E E
P S L P G P A R T P R E P M
U E A Y E N A L P A T F F X
S R E P N A P L N W D L U Q
K B E P A X L Q M J N U C H
Z E C L E S O G O J M Z G Q
L V P O P G T P X N Q R R E
Z R V W Q O T O H D X A A Y
B F A V V W T Z A O P Q P H
S E Q G F J J J N G R Z E L
W Q Q U C Z W P H C Y E D L

Solution on Page 340

ADDRESS
ART
BABY
BIRTH
BLANK
CHRISTMAS
DESIGN
EASTER
EMOTION
ENVELOPE
EVENT
FOLDED
FRIENDS
FUNNY
GET WELL
GIFT
GLITTER
HANUKKAH
HAPPY
HOLIDAY
HUMOR
INDUSTRY
LOVE
MAIL
MESSAGE
MUSICAL
NOTE
OCCASION
PAPER
PERSONAL
PHOTO
PICTURE
SEASONAL
SEND
SMALL
SPECIAL
STAMP
SYMPATHY
THANKS
WEDDING

Greeting Cards

O L F H A P P Y B I R T H Z
L L S K N A H T N W J M H B
A A P M A T S D N E S M U L
I M Z H A N U K K A H A M A
C S J P Y S W E M O T I O N
E A M N T G E T W E L L R K
P Y N R O N S M U S I C A L
S U Y L G I E N V E L O P E
F E O I R G S B P E S T R Y
R V S H I S A A R T E O E A
E E C F E B P U C O A H T D
D N T R Y E T O N C S P S I
C T D T R C P E R S O N A L
S D N E I R F I T O N D E O
A C U P A L M E S S A G E H
W E D D I N G F F O L D E D

Solution on Page 341

A A MILNE
ADVENTURES
ANIMATION
BEAR
BOOKS
BOTHER
BRITISH
CARTOON
CHARACTERS
CHILDREN
CLASSIC
CORNER
EEYORE
FICTIONAL
FILM
FOREST
FRIENDS
GOPHER
HUNDRED ACRE
ILLUSTRATION
KANGA
OWL
PIGLET
POOHSTICKS
RABBIT
RED SHIRT
SERIES
STORIES
STUFFED
TELEVISION
TIGGER
TOYS
TREE
VIDEOS
WALT DISNEY
WINNIE

Winnie the Pooh

S L A N O I T C I F W A I N
T R S D N E I R F D A L O V
O C E E V M A F A M L I F I
R E S T I E Y G I U T B G D
I R K C C N N L S A D E O E
E C C L S A N T M E I A P O
S A I A K E R I U E S R H S
T D T S P A N A W R N E E E
U E S S T A Z N H T E D R I
F R H I O W L H O C Y S O R
F D O C Y T S K O O B H Y E
E N O I S I V E L E T I E S
D U P E T E C H I L D R E N
L H R I U V P I G L E T A W
O O R E H T O B R E N R O C
F B R A B B I T I G G E R B

Solution on Page 341

ALTITUDE
ATLAS
BORDERS
CITIES
CLIMATE
COASTS
COUNTRIES
CULTURE
DESERTS
DIRECTION
DISTANCE
ECOLOGY
ECOSYSTEMS
ENVIRONMENT
EQUATOR
EXPLORATION
GEOPOLITICS
GLACIERS
HILLS
LANDFORMS
LATITUDE
LONGITUDE
MAPS
MOUNTAINS
PHYSICAL
PROVINCES
RIVERS
SEAS
SOIL
STATES
TERRAIN
TOPOGRAPHY
WATER

Geography

S M R O F D N A L G N S E B
E E N V I R O N M E N T Q O
C D A W F B I D Q O M S U R
N U O S E I T I C P A A A D
I T D Y H P A R G O P O T E
V I W A T E R E E L S C O R
O G G V T U O C C I C O R S
R N L C E E L T O T S B M S
P O A U D T P I L I E E N D
H L C L U A X O O C T I I S
Y S I T T M E N G S A S A T
S A E U I I D Z Y T T L R R
I L R R T L T S N A S L R E
C T S E A C O U N T R I E S
A A P F L C O C D T D H T E
L I O S E M E S R E V I R D

Solution on Page 341

ABSTRACT
BARCELONA
BEAUTIFUL
BLUE PERIOD
CANVAS
CLASSICISM
CONTROVERSIAL
CREATIVITY
CUBIST
DRAWING
EXPENSIVE
EXPRESSION
GALLERY
HISTORY
MASTER
MODERN ART
MUSEUM
OIL
OLD
PAINTINGS
PALOMA
PARIS
PASSION
PORTRAITS
PRINTMAKING
ROSE PERIOD
SCULPTURE
SPANISH
STUDIO
SURREALISM
WAR
WOMEN

Pablo Picasso

P A I N T I N G S I R A P T
C N E N S T I A R T R O P C
L O G B E A U T I F U L D A
A L N T W X C U B I S T G R
S E I T A S P A N I S H A T
S C K T R A N R E D O M L S
I R A Y D O I R E P E U L B
C A M B T D V Q N S F W E A
I B T D O I R E P E S O R A
S L N O L D V A R A M I Y C
M O I D U T S I W S L O O A
U Y R O T S I H T I I O W N
S B P A S S I O N A N A M V
E G E X P E N S I V E G L A
U H L Q M S I L A E R R U S
M M A S T E R U T P L U C S

Solution on Page 341

ACHIEVE
CHICKEN
CHIEF
CHILD
CHIN
CHIP
CUSHION
DOLPHIN
EXHIBIT
FASHION
FISHING
HID
HIGH
HIKE
HILL
HIM
HIND
HINT
HIPS
HIRE
HIS
HIT
PUSHING
RUSHING
SHIELD
SHIFT
SHINE
SHINY
SHIP
SHIRT
SHIVER
THICK
THIEF
THIN
THIRD
THIRST
THIRTY
WHICH
WHILE
WHIP

HI Words

W Y G Q O Q L J E T T I R D
U F Y P L J L R R F N Q I Z
B D H T F T I S S P I H D X
U G Z E R H H P U S H I N G
T I K E N I H S R E V I H S
H I K E N R H G N I H S U R
I Q F Y O S Q T H P N P P S
R A N I H T B S L T C I Z Q
D P C U S H I O N P H F A Q
X L H H L H D B O C I I S B
X Y I T I S I S I S E A C N
T R C H H E R P H H F T H K
T G K I C R V I S I X H I M
O J E E V I N E A G F E N H
E L N F Q G H N F H P T D W
D O N E L I H W H I P I B A

Solution on Page 342

ADVENTURES
ANIMATION
BLUE FAIRY
BOOK
CHILDREN
CLASSIC
DISNEY
DONKEY
DREAMS
FAIRY TALE
FANTASY
FATHER
FRIENDS
HAT
ITALIAN
JIMINY CRICKET
LIES
LITERATURE
LONG NOSE
LOST
MAGIC
MARIONETTE
MISCHIEVOUS
MOVIE
MUSICAL
NOSE GROWS
NOVEL
OLD
PINOCCHIO
PLAY
PUPPETS
REAL BOY
SHOW
SON
STAR
TOY
TROUBLE
WOOD CARVER
WOODEN BOY

Pinocchio

T E K C I R C Y N I M I J Y
P T L P I N O C C H I O C A
U T I A E S D M T G S D H L
P E T T T S S I O A C O I P
P N E R A Y O A S V H N L N
E O R R E L R N L N I K D O
T I A F E H I I G C E E R S
S R T A T V T A A N V Y E E
M A U N O S R A N F O R N G
A M R T Y R I A F E U L B R
E R E A L B O Y C T S T O O
R M U S I C A L N D S H O W
D A F Y O B N E D O O W K S
D G T W N O V E L B U O R T
L I E S S D N E I R F G W H
O C Y N A N I M A T I O N R

Solution on Page 342

AUTUMN
BINDER
COMBINE
CORN
CRADLE
CROP
CUT
DARK
DEATH
FARM
FIELD
FOOD
GATHER
GLEANING
GRAIN
GRIM
HAY
IMPLEMENT
LAND
MACHINE
MAIZE
MOW
PERSON
PLUCK
REAP
SCYTHE
SHEAVES
SICKLE
STALK
STRAW
TAKE
THRESH
TOOL
TRACTOR
WHEAT
WORK

Reaper

H S T V J P H H K W X A E V
Q G K E N S E A W F S L N C
O E D L E I F O Y K K T U R
F U E R T O R D S C Y T H E
Y E H Z O K G E I U C H F L
V T N D I V D S A L O G U D
L G N I N A E L G P R E R A
E A K E B N M S B I N D E R
L A G P M M H O V I G D H C
X F B R T E O H H W A R T S
P M A G A R L C H O Z N A Q
K F D V K I A P O M M O G P
Q L E D E M N C M U G S O D
V S A O W H E A T I S R R T
P R T T O O L U X O C E I D
K R H L S D A C N V R P U M

Solution on Page 342

ALCOHOL
BERRY
BLACK
BUNCH
CLUSTERS
COLOR
CRUSHED
CURRANT
DRINK
EAT
EXTRACT
FERMENTED
FOOD
FRANCE
FRUITS
GRAPEVINE
GREEN
HARVEST
JAMS
JELLY
MUSCADINE
NUTRITION
PERENNIAL
PLANT
PRESS
PRODUCE
PRUNING
PURPLE
RAISINS
RIPE
SEEDLESS
SKIN
SOUR
TABLE
VARIETIES
VINEGAR
VINEYARDS
VINTAGE
WHITE
WINES

Great Grapes

R V I N T A G E F R U I T S
X A H D Q P G N I N U R P E
J K G A B S R E T S U L C L
E N P E R L A I N N E R E P
L I R W N V P L A N T S T R
L R E V V I E A N G D N C U
Y D S A I C V S U E S I A P
S O S R N D I M T N E S R R
E O E I E J N N R I E I T O
N F C E Y A E B I D D A X D
I N N T A M E U T A L R E U
W I A I R S R N I C E H S C
H K R E D I G C O S S V O E
I S F S S F P H N U S L U A
T A B L E N O E R M O S R T
E F K C A L B C U R R A N T

Solution on Page 342

ACTION
APPLIED
ARGUMENT
ARISTOTLE
BAD
BEHAVIOR
BUSINESS
CODES
CONDUCT
CULTURE
DEATH
DECISIONS
DILEMMA
ETHICAL
GOOD
HEDONISM
INTEGRITY
JUDGMENT
JUSTICE
LAW
LIFE
LOVE
MEDICAL
MORALITY
PERSONAL
PLEASURE
POLITICS
PROPER
REAL
RELIGION
RESPECT
RIGHT
RULES
SOCRATES
STUDY
THEORIES
TRUTH
VALUES
VIRTUE

Ethical

A R Y D U T S E U T R I V S
N R E B I T S D J L I F E Y
Q O G L U L S E U L A V T M
S T I U I S E X D Y A I H E
W R T T M G I M G N R W I D
S U M C C E I N M G U D C I
O T O E U A N O E A L E A C
C H R P L D S T N S E R L A
R E A S T T N C T C S U M L
A O L E U I O O I U C S G D
T R I R R D I T C T I A R E
E I T V E D S H S N I E E I
S E Y S A U I D O I A L V L
J S H B J H C D O L R P O P
R E P O R P E R S O N A L P
E D E A T H D B T H G I R A

Solution on Page 343

BASS
BOW
CELLO
CLASSICAL
CONCERT
CORD
CURVED
DRAW
EXPENSIVE
FIDDLE
FROG
GRIP
GUITAR
HAIR
HAND
IVORY
LONG
MUSIC
NOTE
PERFORMANCE
PLAY
PLUCK
PRACTICE
PULL
RESIN
ROSIN
SMOOTH
SOUND
STICK
STRUM
SYMPHONY
TECHNIQUE
TENSION
TONE
VIBRATION
VIOLA
WAX
WOOD

Bow

Y G E N K W D B L B O W M W
F S T I C K O X D Y N O M D
E U M S T E N S I O N O U F
P C E O F R O G R I P D T J
J L N R O L E L D D I F E E
P A A A A T N C W P L U C K
P S S Y M P H O N Y U Z H D
E S V I B R A T I O N P N R
R I A H Y R O V I N C U I O
F C X L O N G F L I O L Q C
T A P S T R U M R S U L U D
W L S C E V I S N E P X E K
A A E E C I T C A R P V N O
B I A L G O A T W A R D O V
Y K S L W L R N D U D E T H
M T S O H A N D C I S U M Q

Solution on Page 343

ABSTRACT
ALFRED SISLEY
ANGLES
ART MOVEMENT
ARTISTS
CANVAS
CLAUDE MONET
COLOR
COMPOSITION
DEGAS
EXHIBITION
IMAGES
IMPASTO
LANDSCAPES
LE CHARIVARI
LIGHT
LITERATURE
LOUIS LEROY
MARY CASSATT
OIL
PAINTERS
PAINTINGS
PALETTE
PERCEPTION
PERIOD
PORTRAITS
STYLE
SUBJECTIVE
VAN GOGH
VISUAL ARTS

Impressionists

S U B J E C T I V E L Y T S
Z N S T I A R T R O P I L L
A N G L E S C U P A C O L I
C O L O R A T A I L T A E G
V I A V R A L N A S L N C H
I T A T R E T U A F I O H T
S I S E T I D P R Y O I A T
U B T T N E M E V O M T R A
A I E G M I D R A R S I I S
L H S O M S A C N E R S V S
A X N A I R A E G L E O A A
R E G S T N A P O S T P R C
T E L I V O C T G I N M I Y
S E S A G E D I H U I O P R
Y T S P E R I O D O A C G A
S E P A C S D N A L P U E M

Solution on Page 343

RACE
RACK
RAFT
RAG
RAID
RAIL
RAIN
RAKE
RAM
RAN
RARE
RAT
RAW
RAY
READ
REAL
REAR
RED
REED
RELY
RENT
REST
RIBS
RICE
RICH
RID
RIM
RING
RINK
RIPE
RISE
RISK
ROAD
ROAM
ROB
ROD
ROW
RUB
RUG
RUN

Starts with an *R*

D U E G P R E K A R A C E J
J Y S B I R E N T R A F T R
O S A N A R I D V A L C O O
B C K R I P A R A I N A K W
P F A M F F I T A D D Q E O
E J Y L C S R R S A R E A R
C H R O K R O B R E L Y R H
C P W A M A D E E R R I C E
R J K G M N P S R A N I K Y
V P B D G B Q Q A G R A W A
U Y C O B R T H U N I I E W
T C S Y L B F R N T S Z P D
I F M X H V X U W D E Z W E
U L B A J Q A N U S Z R V R
R X X H V V Z O I D M A K U
R Z F K Z L E V A K R L O B

Solution on Page 343

ACID
ARABICA
AROMA
BARISTA
BATCH
BEAN
BITTER
BLACK
BLEND
BODY
BOLD
BRAZIL
BREW
BROWN
BURNT
CAFE
COFFEE
COLOR
COOLING
CUP
DARK
DRY
FILTER
FIRE
FLAVOR
FRESH
FULL
GREEN
GRIND
HEAT
HOT
JAVA
LIGHT
MEDIUM
OVEN
POT
PRESS
ROAST
SMELL
TASTE

Coffee Roasting

H G S T N P Z G W I X N B N
W S S E A P U J S M E F L C
S H E E F F O C T V C I M M
J R R R K F B R O W N R B X
G C P B F C R X J B R E W R
I D O O G U A D N I R G H W
F U L L E N Z L I T A C D R
M Y R D O Z I W B T R K F O
T H G I L R L L S E A N E A
Y C X B T O P I O R B F N S
S T R H E V R L D O I H O T
H A M O R A L B W L C P N A
J B G K B L N L T D A R K E
T A S T E F M E D I U M L H
Z T V M F P R N D B O D Y J
O D S A K A I D I C A F E X

Solution on Page 344

ALPHABET
ANCIENT
ARTIST
ASIAN
BEAUTIFUL
BLACK
CHINESE
CREATIVE
CURSIVE
DECORATIVE
DELICATE
DESIGNS
DOCUMENTS
DRAWING
ELEGANT
EXPRESSIVE
FLOURISH
FONTS
GOTHIC
HANDWRITING
INK BRUSH
LANGUAGE
MANUSCRIPT
NAMES
NIB
PAPER
PARCHMENT
PENMANSHIP
PRACTICE
ROMAN
SERIF
STYLES
TYPOGRAPHY
VISUAL ART
WORDS

Fancy Writing

E T A C I L E D E S I G N S
G N I D O C U M E N T S P R
A E B Q W O G F F A S I A N
U I E F L O U R I S H T R I
G C E Z T E R E R T Y E C B
N N V H P V V D E I U B H I
A A I T P I R C S U N A M N
L C S T T T H D R T F H E K
P C S A I A R S R O Y P N B
R U E N K R O A N A M L T R
A R R A C O W T L A W A E U
C S P M A C S D F A M I N S
T I X E L E G A N T U N N H
I V E S B D R E P A P S E G
C E T Y P O G R A P H Y I P
E S E N I H C A R T I S T V

Solution on Page 344

ACTRESS
ALBUMS
AMERICAN
ARTIST
AWARDS
BLOND
CELEBRITY
CHILDREN
CIRCUS
COMEBACK
CONCERT
DANCER
DIVORCED
DRUGS
FAMOUS
FANS
JIVE
KIDS
LOUISIANA
MEDIA
MOTHER
MTV
MUSICIAN
OOPS
PAPARAZZI
PERFUME
POP STAR
POPULAR
PREGNANT
PRETTY
RECORD
SCANDAL
SEXY
SHAVE
SHOW
SISTER
SONS
TEEN
TOUR
VIDEO

Britney Spears

W S Y F Y R E V A H S D I K
O O A I D E M U F R E P O T
H N S I S T E R E H T O M O
S S T N A N G E R P L P R U
M U S I C I A N T A O S Y R
X B L O N D G M E P U T C E
A C T R E S S C E A I A O C
D I V O R C E D N R S R M O
A W A R D S N S B A I S E R
P O P U L A R E J Z A C B D
T O E D I V L X I Z N A A A
D S Z B H E P Y V I A N C N
S Z I I C O N C E R T D K C
P R E T T Y S M U B L A K E
O S U C R I C M T V B L M R
O F C J F A M O U S G U R D

Solution on Page 344

ASIA
BEET
BOILING
CANE
CARIBBEAN
COMBINE
COOKING
CROP
CUBA
CULTIVATE
CUTTING
ETHANOL
FIBROUS
FIELD
FOOD
GROW
HARVEST
HAWAII
HEAT
HYBRIDS
INDUSTRY
ISLANDS
JUICE
MACHETE
MILL
MOLASSES
PERENNIAL
PLANT
PURE
RAW
REED
REFINE
RUM
SPECIES
STOUT
SUGAR
SWEET
TALL
TROPICS
WATER

Sugarcane

N W W W W A T E R F I E L D
T Y A O Y Z W T R E Z T V Q
A A T R E E D H A R V E S T
L M E G B B Y A G U C H K U
L U E H N O F N U P U C C O
H A W A I I I O S I T A J T
W E S R W B K L O X T M H S
S P E C I E S O I D I T Y E
Y R T S U D N I O N N E B N
P N A E B B I R A C G E R I
L P V S C T I S U O R B I F
L A I N N E R E P M P N D E
I R T A A O P C U B A O S R
M O L A S S E S C I P O R T
U P U C I I S L A N D S X C
R E C C A J U I C E N A C X

Solution on Page 344

ADVANTAGE
ARCHIMEDES
AXLE
BASIC
BUILDING
CHANGES
CLOCK
DEVICE
DIRECTION
EASY
ELEMENTARY
ENERGY
ENGINEER
EQUILIBRIUM
FORCE
FRICTION
GEAR
HELPFUL
IDEA
INCLINE
INVENTION
LEVER
LOAD
MAGNITUDE
MECHANICS
MOVEMENT
OUTPUT
PHYSICS
PIVOT
PLANE
POWER
PULLEY
SCREW
TORQUE
USEFUL
VECTOR
WEDGE
WHEEL
WORK

Simple Machines

K C H A N G E S C I S Y H P
R E V E L E M E N T A R Y L
Y D H A M E G D W U V K A A
R E E N I G N E E S M C C N
D V L A E D I M R E W O P E
J I P L E E D I C F M L S E
R C F I U W L H S U E C N T
A E U N Q P I C I L I E G N
D W L V R I U R X N R N O E
V H O E O B B A A G V I U M
A E A N T I A H Y E T L T E
N E D T L E C S C C G C P V
T L D I R E C T I O N N U O
A E U O M W O R K C E I T M
G Q Q N W R F T O V I P Q S
E D U T I N G A M F Y S A E

Solution on Page 345

BACKWARDS
BLADES
BONFIRE
COATS
COLD
DANCE
EARMUFFS
FALLING
FRIENDS
FUN
GLIDING
GLOVES
HAT
HELMET
JACKET
JUDGES
JUMPS
LACES
LAKE
LEGGINGS
LEOTARD
LESSONS
MEDALS
MITTENS
MOVES
MUSIC
OLYMPICS
RACE
SCARVES
SKILL
SLIPPERY
SNOW
SPINS
SPORT
SWEATER
TUMBLES
TURNS
TWIRLING
WINTER
ZAMBONI

Go Ice Skating

L S P O R T J S N O S S E L
N L F S A A G N I L L A F S
A N I E C N A D O I C U D E
X M S K E F K L P O N R S D
Q I E S S J Y P L A K E I A
T T V G D M E D A L S T N L
U T R N P R G E R I F N O B
R E A I Y L A N J D F I B O
N N C G S P A W I U U W M U
S S S G L E J C K L M M A S
C D H E H I V M E C R P Z W
I N E L G E D O O S A I S E
S E L B M U T I L V E B W A
U I M C O A T S N G E X O T
M R E E R A J U D G E S N E
R F T D H B S P I N S V S R

Solution on Page 345

BAMBOO STRAW
BEND
BEVERAGE
CHEAP
CHILDREN
COCKTAIL
COMMON
CONTAINER
CRAZY
CUP
DATE
DISPOSABLE
DRINK
FLEXIBLE
FUN
GLASS
HOLLOW
JUICE
KIDS
LID
MILK
MOUTH
PAPER
POLYPROPYLENE
RESTAURANT
SANITARY
SHORT
SIP
SLURP
SODA
SPOON STRAW
STIR
STRAIGHT
STRIPED
SUCK
TUBE
WATER
WRAPPED

Drinking Straw

V P R U L S D I K L I M P J
F U N U H K O C O M M O N L
H C B O F L E X I B L E J L
S T R A I G H T Y Y Y T S I
V T U D M I V R P S R A P U
D Z L O E B E R A S E D O W
I E L I M P O N C A S I O X
K D P M A P I O B L T S N C
S N P P Y T N R S G A P S W
W E I L A T K P T T U O T L
A B E R A R K C U S R S R R
T N Y I D C W S O D A A A J
E V N E R D L I H C N B W U
R E G A R E V E B U T L S I
R R Z P I S T I R P A E H C
A Y P Z B Q H O L L O W L E

Solution on Page 345

ANCHOR
BINDING
CHAIN
CLIMBING
DECORATIVE
DOUBLE
FISHERMEN
FRAY
GRANNY
HITCH
JOINING
LACE
LINK
LOOSE
MARITIME
MAST
MATERIAL
NAUTICAL
OVERHAND
ROPES
SAILORS
SCOUTS
SECURING
SHIPS
SKILL
SLIP
SQUARE
STRENGTH
STRING
STRONG
TENT
TIES
TIGHT
TOGETHER
TWIST
TYING
WEAVING
WEBBING
WHIP
YARN

What Knot

E C A L L B R W H I P T A R
R S R O L I A S T R O N G T
A E U L I N H T Y I N G J I
U U H A K D R T F L O O S E
Q E H T S I E A G R I M C S
S F I K E N L N Y N A W N C
X I T N T G I A I R E Y A O
E S C I S V O N I B O R U U
L H H L A P G T B R V G T T
B E Z E I L I I R R E P I S
U R W L G M N H G O R T C L
O M S A E G B F S R H H A O
D E C O R A T I V E A C L M
G N I R U C E S N I N N N S
R O P E S T R I N G D U N A
P T S I W T I G H T S A M Y

Solution on Page 345

AIR
AWNING
BAY
BLIND
CAR
CHURCH
CLEAN
CLOSE
CRACK
DESIGN
DISPLAY
DOOR
DOUBLE
DRAPES
FRAME
FRENCH
GLASS
GRIDS
HOUSE
LIGHT
LOCK
METAL
OPEN
ORIEL
OUTSIDE
PANE
PICTURE
PLASTIC
SASH
SCREEN
SEAL
SHADES
SHUT
SILL
SOLAR
SUN
TINTED
VIEW
VINYL
WALL

Window

S E P A R D F S I L L Q D N
P D A L K C H A D A D T E Z
D I S P L A Y S H O D P S Y
R S C H U R C H S O O H Z A
R T I T Y Y N D A L U R Z H
D U T E U E I K A T B S S W
W O S N S R I T D G L D E J
Y A A O G V E E J W E I A N
M O L W A M T Y B S V N L F
L C P L N N D N I L B V A V
T Y D S I I E G L S Z F C P
C T N T H C N E R F S R S L
T H G I L A I G R K A A O Y
K S Y E V R D U P C U M L H
Z U A R O I M E K O S E A G
U N B E L P K H S L C A R W

Solution on Page 346

BOW
BREEZE
CANVAS
CAPTAIN
CATAMARAN
CLIMB
CREW
DECK
FORE
HOIST
JIGGER
KETCH
LINES
LOWER
MAIN
MIZZEN
OCEAN
POLE
PORT
RACING
RADAR
RIG
ROPE
SAIL
SCHOONER
SEA
SHIP
SPAR
SPEED
STERN
TALL
TIMBER
TOP
TRAVEL
VERTICAL
WATER
WIND
WOOD
YACHT
YAWL

Sailing Mast

S Z M F S H I P O T V Q G Z
Y S T O R A P S E A D O S R
A W T R H Y V B E G E O Y E
W N C E O E A N E Y E C T T
L I A S R P P C A G P E R A
R G P R E N O O H C S A Y W
D T T B A L Y P R T V N T P
B D A N M M I Z Z E N I A M
G N I C A R A P L J Z J L D
D I N B V E R T I C A L L O
Q W O J Z A I G A R I P Z O
Y W I E D M G X E C S K V W
O E E A B E J W L P E C U R
J R R E R H O I S T N E F S
B C R I C L M R C H I D W O
L W G L G B E H P O L E Q A

Solution on Page 346

BAKING
BEET SUGAR
BROWN SUGAR
CAKES
CALORIES
CANE SUGAR
CEREAL
CONFECTIONER
COOKIES
CRYSTALLINE
DESSERT
FLAVOR
FOOD
FRUCTOSE
GLUCOSE
HONEY
ICING
INGREDIENT
INSULIN
LACTOSE
MOLASSES
OBESITY
PIE
POWDERED
PROCESSED
RAW
REFINING
SUGAR BEET
SUGAR CUBES
SUGARCANE
SWEETNESS
SYRUPS
TEA
TOOTH DECAY

Sugary Sweet

Y T I S E B O S Y R U P S Y
G L U C O S E I K O O C B D
F B E R A G U S N W O R B N
O D E S S E R T D N A Y E I
O I T H O A T E F G S S E L
D N S O W T R E U X E T T U
E G W N O E C S A B S A S S
S R E E D T E U U M S L U N
S E E Y I N H C R D A L G I
E D T O A O R D X F L I A F
C I N C L A E R E C O N R L
O E E O G N I C I C M E C A
R N S U S E I R O L A C A V
P T S U G A R B E E T Y N O
I B A K I N G N I N I F E R
E W D L L A C T O S E K A C

Solution on Page 346

ADVENTURES
ANIMATION
BERT
BOOKS
BRITISH
BROADWAY
CAROUSEL
CARPETBAG
CHILDREN
CLASSIC
COCKNEY
DANCING
ENGLISH
FANTASY
FATHER
FLOATING
HAPPY
JANE
KITE
LONDON
MAGIC
MICHAEL
MOVIE
MR BANKS
MUSICAL
NANNY
P L TRAVERS
PENGUINS
SINGING
SONGS
STAGE
SUFFRAGETTE
TEA PARTY
TUPPENCE
UMBRELLA
WALT DISNEY

Mary Poppins

H L A C I S U M R E H T A F
S K O O B R I T I S H M K A
I S C H I L D R E N G I G N
L O A L L E R B M U T C Y T
G N R S N I U G N E P H A A
N G O Y E N S I D T L A W S
E S U F F R A G E T T E D Y
O T S L B O D A N Y R L A E
G E E O E Y V M O N A E O N
N A L A R P E A D N V G R K
I P E T T P N G N A E A B C
C A N I M A T I O N R T D O
N R A N G H U C L A S S I C
A T J G C A R P E T B A G A
D Y T U P P E N C E I V O M
G N I G N I S K N A B R M D

Solution on Page 346

ANALYSIS
ANCIENT
ARCHITECTURE
ARTIFACTS
BIOFACTS
BONES
BURIED
CITY
DATA
DESERT
DIGGING
DISCOVERY
DUST
EGYPT
EXCAVATION
EXPLORE
GROUND
HISTORICAL
IRON AGE
LANDSCAPES
MUMMY
OLD
PAINSTAKING
PRESERVATION
RECOVERY
REMAINS
RESEARCH
ROME
SAND
SCIENTISTS
SITES
STONE AGE
STUDY
SURVEYANCE
TREASURE
UNCOVER

Dig Archaeology

S E N O B I O F A C T S U D
S T U D Y R E V O C N U A L
G N O I T A V R E S E R P O
E R U S A E R T N J C V A A
X L D C I T Y T O H F E N N
P A I N S T A K I N G Y C A
L N S V T L R T T F R A I L
O D C G S A E D A T A N E Y
R S O R I C C D V H E C N S
E C V O T I O I A C G E T I
M A E U N R V G C R A O P S
A P R N E O E G X A N E Y A
I E Y D I T R I E E O M G N
N S Z Z C S Y N A S R O E D
S E T I S I D G D E I R U B
Y M M U M H E W T R E S E D

Solution on Page 347

GAIN
GALE
GAME
GANG
GAP
GAS
GATE
GAVE
GAY
GAZE
GEAR
GERM
GET
GIFT
GIN
GIRL
GIVE
GLAD
GLOW
GLUE
GOAL
GOAT
GOD
GOES
GOLD
GOLF
GONE
GOOD
GOT
GRAB
GRAN
GRAY
GREW
GRIM
GRIN
GRIP
GUM
GUN
GUY
GYM

Starts with a *G*

M Q F G U Y E M A G A L E L
M B G A R E N M A A Q T P E
W L E P R I N I E N G A Z E
A B T N G H N U V G A T E G
K I L Z O R L N I N V T R L
G Z S E O G D F G G E A R O
O F A T X R T U O E B I F W
D R V N M A N L D R G L A D
L S G S D N D E U M O O Y G
K A B N Q V M X T G A Y A G
G V D F U V P Z O R T S R L
M R N G F G G O G I K E G C
N K V Y E R D Y U M W B R T
Q I O E N F L C M A D E I F
V S O V T W U J Q K B C P U
R N M Z O T E H G K E T U L

Solution on Page 347

AMERICAN
ARTISTIC
BRIDGES
BUILDINGS
CITIES
COLORS
COOL
CREATIVE
CRIME
DAMAGE
DEFACING
DESIGNS
GANGS
ILLEGAL
IMAGES
KIDS
LETTERS
MARKERS
MESSAGES
MURALS
NAMES
PAINTING
PICTURES
POLICE
PUBLIC
SIGNATURE
STREET
STYLES
SUBWAYS
SYMBOLS
TAGGING
TALENT
TERRITORY
TRAINS
UGLY
URBAN
WALLS
WRITING

Graffiti

C L T S Y A W B U S K S P D
O N A B R U X G U E Q G P A
L P L G K E N C N G G N I M
O O E B E I T I A A N I C A
R L N N C L D T M M I D T G
S I T A M G L S E I G L U E
E C F C I N W I S L G I R A
G E S I I I C T S N A U E X
D G Y R O T I R R E T B S S
I N M E Y N I A E A L N L E
R I B M L I M E N A G Y T G
B T O A G A N G S I T E T A
C I L B U P I D S O E I Y S
O R S A L S R E K R A M V S
O W A L L S D U T C R I M E
L C T R A I N S S L A R U M

Solution on Page 347

ARCH
BOOT
BRAND
CLOG
COLOR
COMFORT
CROCS
CUSHION
FASHION
FEET
FIT
FOOT
GALOSHES
GARMENT
HEEL
HIKE
HOSIERY
LACES
LEG
LOAFER
MATERIAL
MOCCASIN
NIKE
PUMPS
RUBBER
RUNNING
SANDAL
SHOE
SIZE
SLIPPER
SNEAKER
SOCK
SPORTS
STRAP
SUPPORT
TENNIS
TOE
WALK
WARMTH
WOOD

Footwear

O S E C A L E G Z P U M P S
E O N S Y T R O F M O C P S
A F N E Y N I S A C C O M G
Y H A H A R D T G F R O G W
N E N S E K E Y M T D A V B
C E K O H R E I S A R C H O
Q L S L I I U R S M T I I O
A S O A A H O N E O K E R T
O U L G N W S N N E H U E W
B P J I H D T U T I B N O F
M P R D P T A K C B N O H O
U O O P U P M L E I D G S O
E R L O A F E R S N I K E T
X T O G A R O R A W C C Z I
W S C O R C T R V W V O I F
S C K L H B B S K G M S S J

Solution on Page 347

ACTOR
ALBUMS
ARTIST
BAD
BEAT IT
BLACK
BROTHERS
BUBBLES
CELEBRITY
CHILD
CONCERTS
COURT
DANCING
EPIC
FAMILY
FAMOUS
GRAMMY
HISTORY
ICON
INDIANA
JERMAINE
LAWSUIT
MOONWALK
MOTOWN
MTV
MUSICIAN
NEWS
NOSE
PEPSI
PRINCE
RICH
ROCK
SINGING
STAR
SURGERY
THRILLER
TITO
TOUR
TRIAL
VIDEOS

Michael Jackson

I R O T C A C N K S T V D K
R I C H H I S T O R Y I A D
D K I K P R D M A S V D B B
K L L E C A I N U Y E E C T
D C O A N O A L M B A O O B
M P A C W I R M L T L S U Q
E U I L D N A C I E C A R S
X N S N B R O T H E R S T L
G Y I I G N V O L Q X A I A
V A C A C T S E M C R Q U I
N O R E M I B U B B L E S R
N W R T N R A P R E J P W T
I T O G I N E N H G E D A I
S U I T E S B J H P E A L T
R N Y W O K T E C N I R P O
G H S U O M A F A M I L Y U

Solution on Page 348

ANARCHY
ANGER
BANDS
BASS
BRITISH
CONCERTS
COOL
DANCE
DRUMS
EMO
ENGLAND
FASHION
GENRE
GOTH
GREEN DAY
GUITARS
HAIR
HARD CORE
LEATHER
LONDON
LOUD
LYRICS
MOHAWK
MOSH
NEW WAVE
NEW YORK
PIERCINGS
POLITICAL
RADIO
REBEL
ROCK MUSIC
SCREAMING
SEATTLE
SONGS
STYLE
TATTOOS
THE CLASH
VIOLENT
WILD
YOUTHFUL

Punk Rock Music

D R U M S P O D N A L G N E
W I H S I T I R B Y R E O M
J P P Z L R I E R G W C D T
S T Y L E A K I R Y D N N A
G E S B H W C E O C L A O T
N C E C A S E R C O I D L T
O L O H R N K E K O W N E O
S I O N D E D O M L G P G O
M M D A C U A S U H O F U S
V L Y A O E Y M S L T A I E
I E Z L R B R H I D H S T A
O A N G E R A T C N G H A T
L T H S O M I S S R G I R T
E H T H E C L A S H A O S L
N E W W A V E M O G E N R E
T R A L U F H T U O Y S A V

Solution on Page 348

ANGELIC
ART
BEAUTIFUL
BEINGS
BIBLE
CHERUB
CHILDREN
CHURCH
CLOUDS
COMFORT
DIVINE
ETERNAL
FLOAT
FLYING
GABRIEL
GOOD
GOWN
GUIDANCE
HALO
HEAVENLY
HERALD
HOLY
JESUS
KIND
LORD
LOVE
MERCY
MICHAEL
MIRACLES
MUSIC
PROTECT
PURE
ROBES
SHOULDER
SING
SWEET
TRUMPET
WHITE
WINGS
WISE

Angelic

O S N V D H C L F J E S U S
H R F M A F A W I N G S H W
P Y L L I N Y O C N D M E E
U B O C R C G M I L S C R E
R U A E R O H E U E O H A T
E R T E O M B A L S H U L W
V E M D S F R C E I I R D I
O H C I T O A R T L C C O S
L C N H B R E D L U O H S E
P G U E I T C E T O R P W L
U N S M Y L N E V A E H E B
Y I E C N A D I U G I I N I
Y Y T E P M U R T T R K I B
V L U F I T U A E B I P V F
R F O M B W F Q A N A D I N
V E A H N W O G D L O R D D

Solution on Page 348

ANTIFREEZE
APARTMENT
AUTOMOBILE
BOILER
BUILDING
CAP
CENTRAL
CIRCULATE
COILS
COLD
CONVECTOR
COOL
COPPER
CORE
DEVICE
ELECTRIC
ENERGY
ENGINE
EXCHANGE
FAN
FLUID
GRILLE
HEAT
HOT
IRON
LIQUID
METAL
PIPE
PUMP
RADIATION
STEAM
TEMPERATURE
THERMAL
TRANSFER
TUBES
VEHICLE
WARMTH
WATER
WINTER

Radiator

Z Z T C M B T N D N S C T A
E R O C O I L S O I C O L D
E E N I G N E R F M U O Y I
E L L Z I C I R T C E L E U
Y E L I B O M O T U A T F Q
R G R I T N E M T R A P A I
E N R U R I Z U E L R E T L
P A E E T G E T U B E S H A
P H T P N A E C I F T W E R
O C A I P E R E F S N A R T
C X W P A I F E L L I R M N
D E V I C E I A P C W M A E
C O N V E C T O R M I T L C
B U I L D I N G T A E H O P
V F R A D I A T I O N T E H
P M A E T S F E C P U M P V

Solution on Page 348

ARTICLES
AUTHOR
BLOGGER
COMMENTS
COMPUTER
CONTENT
DAILY
FORUM
GOSSIP
IMAGES
INTERNET
KEYBOARD
LIFE
LINKS
MEDIA
NEWS
OPINIONS
PEOPLE
PERSONAL
PHOTOS
PICTURES
PODCAST
POLITICS
POSTS
RANT
READERS
SEARCH
SHORT
STORY
SUBJECT
TALK
TOPICS
TWITTER
TYPE
UPDATE
VENT
VIDEOS
WEBLOG
WEBSITE
WRITING

Blogging

V T R O H S G N I T I R W E
S O E D I V Y R O T S O E L
U P D A T E P Y T N T H B P
I I H A A F F O R U M T S O
T C C O M M E N T S S U I E
V S C O M P U T E R E A T P
M E D I A S N L N L G S E I
T A N N O A C S A D A C C C
A R K T R I G N K C M I O T
L C O E T E O O D N I T N U
K H F R Y S T O S V I I T R
P I A N R B P T Y S N L E E
L S W E N C O P I N I O N S
J T P T Y L I A D W U P T I
W E B L O G G E R S T S O P
T C E J B U S R E D A E R P

Solution on Page 349

AFRICAN
AMAZON
ANIMAL
BEAK
BILL
BIRDS
BLUE
BRIGHT
CAGE
COLORS
CREST
EGGS
EXOTIC
FEATHERS
FLIGHT
FOOD
FRUIT
GREEN
LARGE
LEARNING
LOUD
MACAWS
MATE
MIMIC
NECTAR
PERCH
PETS
REPEAT
SEEDS
SINGING
SPECIES
STRONG
TALKING
TOYS
TREES
TRICKS
WATER
WILD
WORDS
ZOOS

Parrots

X W U J H D U O L Z S E B C
H A H C O L O R S W X W A B
S T R O S T E N T O O G U E
A E F M P F E A T H E R S G
P R A O E N F I R G G K D G
L U N M C R C J Q N C I D S
A Q I A I G W B F I I Y L B
R D M C E F I B R G R N E F
G C A A S R L T R N L A G C
E N L W D T D G N I K L A T
U T O S R W E S O S G E I F
L Z R R N E D P Z G T H R B
B Z A E T E P L A A F U T I
F O X Y E S E E M C I M I M
T O Y S Y S R R A T C E N Y
N S I P P G M K G T S E R C

Solution on Page 349

ANIMALS
AQUARIUM
AQUATIC
ATTACKS
BEACH
BITE
BLOOD
BULL
CAGE
CARNIVOROUS
CARTILAGE
CONSERVATION
DANGEROUS
FEAR
FLORIDA
FOOD
GILLS
GREAT WHITE
HAMMERHEAD
HUNTER
INTELLIGENT
KILL
LARGE
NURSE
OCEANS
PLANKTON
PREDATOR
REEF
ROWS OF TEETH
SEAWATER
SNOUT
SPIRACLE
SWIMMING
TAIL
TIGER SHARK
TOOTH
VERTEBRATE

Sharks All Around

H K F I A H E L C A R I P S
C T E N Q S E A W A T E R W
A E E T U A T T A C K S E I
E G R E A T W H I T E K D M
B A V L T Z W C D V R A A M
B C E L I F O O D A E N T I
T I R I C U O N H H T I O N
U B T G I L L S R T N M R G
O U E E B I R E W O U A L O
N L B N A E M R G O H L A C
S L R T G M D V Z T R S R E
Z I A I A Q U A R I U M G A
R K T H C A R T I L A G E N
A U E C A R N I V O R O U S
E P L A N K T O N U R S E R
F L O R I D A N G E R O U S

Solution on Page 349

ACADEMICS
ART
BOOKS
CHILDREN
CLASSES
COLLEGE
COMPUTERS
DEBT
DEGREE
DIPLOMA
DISTRICTS
ENGLISH
EXAMS
EXPENSIVE
FAILING
FEDERAL
FREE
FUNDING
GRADES
HEALTH
HISTORY
LOANS
LOCAL
MATH
PRIVATE
PROGRAMS
PUBLIC
READING
RECESS
REQUIRED
SCHOOL
SCIENCE
STATE
STUDY
SUMMER
TEACHER
TEST
TUITION
UNIONS
WRITING

Educating

L S N A O L A R E D E F L U
S E F A I L I N G I T M O N
R C O M P U T E R S A S O I
G N I D A E R R E T V T H O
N E H M I A L D H R I A C N
I I E S E P O L C I R T S S
T C A M V D C I A C P E R S
I S L A I H A H E T S E T E
R U T X S W L C T S Q G Z C
W M H E N M D R A U N E I E
B M I N E I A L I I T L G R
O E S G P R C R D E B L R S
O R T L X B E N G U E O A T
K A O I E D U H P O D C D U
S M R S A F R E E E R G E D
A X Y H T U I T I O N P S Y

Solution on Page 349

ADJUST
AERIAL
AIR
ALUMINUM
AMPLITUDE
ANALOG
BANDWIDTH
CAR
CHANNEL
CONDUCTOR
CURRENT
DEVICE
DIRECTION
ELECTRIC
ELEMENTS
EQUIPMENT
EXTEND
FOLDING
FREQUENCY
HERTZ
IMPEDANCE
LONG
MAGNETIC
NOISE
POLE
PORTABLE
POWER
RADAR
RECEIVE
SIGNAL
SOUND
STATIC
TALK
TOWER
TRANSMIT
TUNE
VEHICLE
VOLTAGE
WAVE
WIRE

Antenna

R F L N C C E G A T L O V T
D J O O O P H C D I M S W O
B E E L N I C A O M A I I W
G L V Q D G T I N S G G R E
T O I I U I K C T N N N E R
U P M H C I N L E A E A W A
N D P E T E P G A R T L O D
E R E R O D C M O T I S P A
L A D T R M I I E L C D O R
E C A Z E V A W R N A G R E
M U N I M U L A D T T N T V
E R C F R E Q U E N C Y A I
N R E D U T I L P M A E B E
T E X T E N D N U O S B L C
S N O I S E V E H I C L E E
P T S U J D A E R I A L B R

Solution on Page 350

BAMBOO
BLOOD
BOOK
BOOM
BOOT
BROOK
CHOOSE
COOK
COOL
CUCKOO
DOOR
FLOOD
FLOOR
FOOD
FOOL
FOOT
GOOD
GOOSE
HOOK
HOOP
LOOK
LOOM
LOOP
LOOSE
MOOD
MOON
MOOSE
NOON
POOL
POOR
ROOF
ROOM
ROOT
SHOOT
SOON
SPOON
TOO
WOOD
WOOL
ZOO

OO Words

G P I F N Q N E V F O Y M F
J L D Q L O S K W R W S Y Z
M X M O D O O L B O Z O O W
T O O H O O O P O O H P O C
C S O G C K F R S T O O A L
E S S N V C W O P V D T Y T
F S E V H U O L O O K E P M
K L T O C C D O O R N O M N
D O O B M A B G L O O M V H
R S O O O M M K O L O O L V
E L H R D O O D O D N Y M U
E E S T B O K O F O O T X W
L C P S H B O O T P O O R P
Q G G J B T V F W W S L M H
N A P S E Y V D M C J R O W
H C N C X B B B U Q I D Q Y

Solution on Page 350

ANIMALIA
ASP
BITE
CARNIVOROUS
CHORDATA
COBRA
COIL
CORAL SNAKE
COTTONMOUTH
DANGEROUS
DESERT
EDEN
EGG
EYES
FANGS
FORKED TONGUE
GARDEN
GARTER SNAKE
JAW
LONG
MEDICINE
MOULTING
PET
PIT
POISONOUS
PYTHONS
RATTLESNAKE
REPTILIA
SCALES
SHED
SIDEWINDING
SKIN
SLIMY
SQUAMATA
TEETH
VENOMOUS
WATER
ZOO

Snakes Alive!

Z W Y T L O N G H T E E T P
E Y E S C A L E S G T J R O
E N I C I D E M D A I A E I
S U O R E G N A D R B W S S
E G G A R T E R S N A K E O
C A R N I V O R O U S G D N
V N J C O R A L S N A K E O
E I G N I T L U O M P D J U
N M R G N I D N I W E D I S
O A E K A N S E L T T A R A
M L P P S A L S K I N J Z J
O I T L C I C H O R D A T A
U A I C O T T O N M O U T H
S M L C B D Z S G N A F B H
Y T I P R E T A W D E H S W
A T A M A U Q S N O H T Y P

Solution on Page 350

BABY GRAND
BACH
BEETHOVEN
BLACK
CHOPIN
CHORDS
COMPOSERS
CONCERTO
EBONY
GRAND PIANO
HAMMERS
INSTRUMENT
IVORIES
JAZZ
KEYBOARD
MELODY
MOZART
MUSICIAN
NOTES
OCTAVE
ORGAN
PEDALS
PERCUSSION
PERFORMANCE
PIANIST
PIANOFORTE
PRACTICE
SCALES
SCORES
SHARP
SOLO
STEINWAY
STRINGS
UPRIGHT
WHITE
WOOD

Perfect Pianos

P Y S G N I R T S D R O H C
I N S T R U M E N T B J W H
A O O S H A R P T R A Z O M
N B L I E G N D S Z B O O P
I E M O S I I D Z L Y T D E
S Y E H S S R R P P G R P D
T A L C Q A U O P I R E E A
B W O A O N B C V U A C R L
L N D B C A E Z R I N N F S
A I Y O T I E B S E D O O C
C E P R A C T I C E P C R A
K T E U V I H W H I T E M L
Y S S R E S O P M O C O A E
N A G R O U V C H O P I N S
C F H A M M E R S E R O C S
X B L P I A N O F O R T E O

Solution on Page 350

APARTMENT
ASYLUM
BARN
BASEMENT
BOX
BRIDGE
BUS STOP
CAR
CONDO
COTTAGE
COVER
FORT
GARAGE
HOME
HOOD
HOSPITAL
HOTEL
HOUSE
HUT
IGLOO
INN
MANSION
MOTEL
OFFICE
OVERHANG
PATIO
PAVILION
REFUGE
ROOF
SHACK
SHED
TARP
TENT
TRAILER
TREE
TUNNEL
UMBRELLA
VEHICLE
YURT

Things That Give Shelter

E H M S N X J A L V P S Y V
L O O H R W T N R E E R T R
A M X A A Y Z E L E T O H A
T E M C B R I D G E F O M C
I P G K V E H I C L E U M O
P A D A L L J X N V L K G V
S O P B R I O G Q Y S D X E
O D T A Q A P N S T R U Y R
H N U S R R G A R J M M E O
O O N E S T W H V B O A C O
U C N M F U M R R I O N I F
S D E E O T B E T Z L S F L
E D L N I H L V N T G I F B
X O B T T L V O E T I O O N
C O T T A G E F T Q U N R N
S H E D P R A T V V Y H T I

Solution on Page 351

ABDOMEN
APPENDIX
ARM
BLADDER
BLOOD
BONE
BRAIN
CELLS
DIGESTIVE
DISSECTION
ELBOW
EYE
FEET
FIBULA
FINGER
FOOT
GLANDS
HAND
HEAD
INTESTINES
JOINTS
KNEE
LEG
LIMBS
LIVER
LUNG
MOUTH
NECK
NERVES
NOSE
ORGAN
SKIN
SKULL
SPINE
TEETH
THROAT
TIBIA
TISSUE
TOE
WRIST

Anatomy

Y B V C A F H E A D U I P G
U W X D O A N R E G N I F B
R R M O N L P A J Q N N R U
O I T D K U N P G T E A Q T
U S A E C B Z U E R I R S A
K T P D E I D S V N O M B O
N S K I N F T E I S D D I R
F L E S N I S G T B O I E H
Y Y U S N E X L S M L V X T
R C S E B H S A E I I R B E
T P S C O T A N G L E T E E
F O I T N U S D I D L N L T
E O T I E O J S D E K U I N
B L O O D M G A Y M N B K O
B J A N S L L E C G I S M S
T E Z W O B L E L A P D Z E

Solution on Page 351

Anatomy

Y	B	V	C	A	F	H	E	A	D	U	I	P	G	
U	W	X	D	O	A	N	R	E	G	N	I	F	B	
R	M	O	N	L	P	A	J	O	N	N	R	U		
O	I	T	D	K	U	N	P	C	T	E	A	O	T	
U	S	A	E	C	B	Z	U	E	R	I	P	S	A	
K	T	P	D	E	I	D	S	V	N	O	M	B	O	
N	S	K	I	N	F	T	E	I	S	D	D	I	R	
F	L	E	S	N	I	S	C	T	B	O	I	E	H	
Y	Y	U	S	N	E	X	L	S	M	L	V	X	T	
R	C	S	E	B	H	S	A	E	I	I	R	B	E	
T	P	S	C	O	T	A	N	G	L	E	T	E	E	
F	O	I	T	N	U	S	D	I	D	I	N	L	T	
E	O	T	I	E	O	J	S	D	E	K	U	I	N	
B	L	O	O	D	M	G	A	Y	M	N	B	K	O	
B	L	A	N	S	L	I	E	C	G	I	S	M	S	
T	E	Z	W	O	B	I	E	L	A	P	D	Z	E	

Solution on Page 351

Answers

I P B B D A R T B O A R D S
T D E Z I D R A D N A T S W
O R R Y T H R O W I N G E O
U N I T E D K I N G D O M R
R Y C N T S R E P M U J A R
N C B A A I L O H D S T G A
A A R C R G C L M O T E B L
M R I I G H U I U U I D U U
E U S R E Y A L P B H H P C
N C T E T Q B H L L B A R R
T C O M P E T I T I O N S I
S A W A E R O D O N V K P C
E I D R I N K I N G W E O K
V L L U B R E T U O A Y R E
I B E I N N E R B U L L T T
F Y A G R O L Y A T L I H P

A Game of Darts

L I G H T O O M S S E R D R
S K I R T F D P V T D K A E
T B M T E X T U R E E C E D
R L Q U A L I T Y O L E R I
A O A A L L U D F O T S H P
D U I I S B S R T O L E T S
E S I Q R H E H G P S N I G
A E N N E E I R E G N I L N
B A E R S N T M R P F H S I
J V V E G E G A M Y A C T V
A R O T L F C X M E B O R A
P A W T U S A T I N R C O E
A L Q A X X F A S H I O N W
N P O P U L A R H O C O G R
G S C A R F E K I M O N O S
P T M B Y D F I B E R S S N

Silk

H S C A U F R A C S W D S D
B D R Y B B I R D S R N E B
U O U T D O O R S T E I U Q
Z O N P N E Y Y T E B W C S
Z W C M K S L D O R M A N T
P D H E R L L K O U E S U I
U N Y F O E I T B T C E V B
O O D H I I H C J A E L A B
M P N R W G C T C N D C L A
H L A H I H V T A N Y I L R
Q S I R P F S I L E N C E R
J T B M K E T G M R W I Y A
E H A O R L O S F R O Z E N
T G L O V E S P C A B I N G
M I F S C O L D L B X E Z E
S L M E E E N E R E S E H R

Winter Scene

R D E N W O R G E M O H K D
O E E P O R T R A I T S I O
T Z A C M O U N T A I N S O
P N C L O T C A R T S B A W
L O W L I R E M I N G T O N
U R S N A S A H N E A H C M
C B R P K Y M T O N S A E O
S U M S I L A M I N I M R N
F I C L A T E M S O O E A U
G L U E U T A T S R N R M M
A D L W I L D L I F E I I E
L I T C I T N A M O R C C N
L N U E F O L K M C R A F T
E G R R U S H M O R E N G O
R S E L A N D S C A P E O Y
Y T R E B I L I N C O L N S

Sculpture of the United States

H W A H T O H L B I R T H G
T S I X R S E L E A V E S R
M U A N E N O S A E S V F A
R M U G T S E F I L W E N S
A M T R S E E N I H S N U S
W E U O A I R N A T U R E N
K R M W E G G N I M O O L B
I E N T E R W V T U L I P S
T H Y H P E A Z C G R E E N
E T A M I L C P O M A R C H
Q A D E S L L S L A M I N A
U E Y A D A F F O D I L S A
I W A R N L D S R E W O L F
N O M T L E M Y F R A I N A
O S S H D S E S U C O R C L
X A R E N E W A L I R P A L

Spring Is Here

F L M M E B W W K D I E S M
W R E X O H I V E R E L U R
M M C S Z T S P E C I A L R
F T S O R B H P P I P I N G
I A D U L T R E E B E D Y N
G S L A Y O R X R N E Z I S
H E P E D L N P O E D E U Z
T E N U L M F Y R E D T S W
I N C O C A L B T G A A I O
N E A B M N M C S T E N E L
G V U N O O E E S W G Y G L
E Z I L I T R E F D R O N E
Z G E R O M I E U H A M I Y
V L G R G B O H H Q L A T X
M X P F A I B D P P X T S A
C O M B H O N E Y L L E J W

Queen Bee

W P E P U E K A M P B B H X
A F B S O C K S B U U W C K
B E N Y I Q E A B T I O R I
M A E T S V B B T S I L K F
U T L H O I L O R I A L E W
W H K L E E N E X O I I W H
Q E G S O C K U Z Y P P U P
B R D C L O U D S U S A N D
F T O B M T N I K P A N V V
B R C S F T H R E A D G Q I
K X R E W O L F F U L F N D
R D E E S N A M R C Z G B U
C V T A D N K M S W A R T S
P O T N R T I S S U E A R T
E I E T I K U L E A F S C B
N D C P B L X E D L B S Z C

Lightweight Things

U S D N U O W O R K L V D B
G A U Z E I C P A R W I H A
G L O V E S R S W A B S F T
N I E L I R E T S L E S S E
I N A M C O A N E C M T U K
V E F N A S M E R O O N R N
A Y T M T S D M E H H I V A
S T W U U I K T D O E L I L
N E E P N C B N C L L P V B
R F E G A S N I R I P S A I
U A Z N E B L O O D E N L O
B S E I L P P U S T D J J D
O E R P C U T H S A I P Z I
X E S M E M E R G E N C Y N
H T L A E H M E D I C I N E
E R A C H O S P I T A L O F

First Aid

C X W N D N I L G M B P G T
W L J Y U E G D E L W O N K
O X O O Z T R A N S F E R O
R O H T U A E R K C O L B O
D D X F H R B T F O N T I B
S M E C H A N I C A L E B S
X S O E U O E A L D S X L P
H P A W P C T L L E T T E R
Y S S M I S U P O I I I Y F
T Y I V T P G H R D S C T O
Y E E L A Y D A E L A M Y R
M D O G B H P B N R E D O M
P R E S S U R E E P L A T E
A S R E P A P T E K S I R F
N W T D E S I G N E W S N E
M O V A B L E C A F R U S K

Printing Press

C H R O M I S T A R E N O M
A E F I L L E C N E I C S D
T Q N Q P H Y L A M I N A P
E V O L U T I O N S U N E G
G S I B A C T E R I A C K B
O P S Y S T E M R N G S N I
R E I F A M I L Y A G I A O
I C V O H C K N M G R H R L
E I I A T S I T O R P C C O
S E D N B A M Y N O H R H G
H S A E M O G R O U C A A Y
I L W O D O U O X P L E E N
P G D G L I R T A T A S A A
S L N O Z D V S T R S E G T
Y I O U E M P I R E S R L O
K Z H R F R A H D E J M A B

Biology Kingdom

U Y K C U R T U J R C B P B
C T F L K N I A R T O I O P
S T O V E I R S O F A A A L
U G R A L C E M E N T N U A
S S K S E D S T O S C G A N
I G L T R A E H O H G N L E
G U I L T R C H O A V Y A S
O V F J C U S R G I K V L T
L R T N A H P E L E C B N E
D A O S C W G D X B I O E E
E C L E A D L L P O R K C L
B S A S I S J U A I B B K A
G K W R H C U O C T H U V H
V N F O E E L B A T E S S W
W A S H E R H I N O J M E T
M T N L V P S H L O X L I U

Heavy Things

Z E G G S E L G A E G R A L
H U N T P M E R A R E G A L
E C A D E R E G N A D N E B
E R P P C H I C K S I Y A R
R A S L I M E L B M E L E O
T P G U E E R F A R D T Q W
P T N M S D K L P D R T M N
K O I A P U E F B A D H F R
X R W G A S O T U E D G E O
O G K E I D N Q C H T I A T
H T A G R E A T S E A L T A
R A E I S F T S I T T F H D
A L B T H W U D U I I O E E
O O I G N I Y L F H B Y R R
S N E F I L D L I W A E S P
G S K Y L O B M Y S H S I F

Bald Eagle

P I N H U G E L W Y N E B O
U G L H N D L L O O J C E I
N E G R E A T S T A R I G W
Y I E X M O P E E T S R R Q
H N Y S C R A W N Y I C A X
O O N H P B P S G L I L L N
O C E I D I M M E N S E M P
S N R R K I L F S Q U A R E
C O L O S S A L O B M U J E
M G F U O O H M E M N H D D
K A A N O K C A O S H O R T
T X S D W H E T L N F L O L
U E G S U W H D A L D L V L
T H I B I D E A I G O O A A
R T B D E V R U C W O W L T
J Y E T I T E P Q T I N Y Q

Descriptions

D Y Y I K B I J O L K F M F
R D S G G E T U C E I F V J
R H L F A M I L Y A D N U S
K I E S F L O W E R S S L N
L D T R A D I T I O N I E W
I E S G A K T E K S A B N M
R R A Y W B D N E T E R P K
P A P Y Y H B G U M B Y F Q
A H O L N H I I U H Y O D Z
S T B O N N E T T D L I H C
E Y S B U P S Q E K L O L G
Q M S M B O E Z L L E O N I
U H A Y C H A O C A J I C F
K X R S H C R U H C R X N T
U X G A M E S I R P R U S S
K L T T R E A T S Q E Z K P

Easter Bunny

M Y K X A B D E R T O A S T
I C E S Y A Q Y E T I H W W
E N P R T T T R M S E P O P
G A D E S E K U I Q O E S L
K F Z E E I E X M U G R W Y
H R R H A V I U O A R R E A
P A L C O H O L S L A L E H
P N F L U T E K A I P I T R
L C L E A R N V X T E Q N A
R E A N B I Z Z I Y S U E L
G N B I P A R T Y T C I M L
D I E V S S A L G I S D R E
P W L N J P B O T T L E E C
X M K L I B L A N C U S F Q
G J I J U F L P T S K R O C
X Z F B D Y U D K U C J B F

Champagne

F G I R L F D A L D N F E U
L A V A I K O O X U E V E L
Q L I J A R O O L L I F L A
I D E L J C V F L L E U F E
C I E H O R E A A W G L S M
G E Q A A E Q M R L F L M I
Q Y L I L L L I O D O A I S
U Z L L U B E J B V I O B R
K C L O A W C E H L A G P S
D E F I H E Q P H I P L E G
B R H A O I Z E L A E R H H
R Z C H Q W V E I N A E D A
J K T S H I L L B Q O V R W
R B I T Q K L Y S Y P B M S
S Z U N K U P M O X C N A E
M E Z K P Z L W B Y F N R V

Ends with an *L*

Y B P L T M D I R E C T O R
O L C S H E A L T H Y W C A
U A A P E M B A I B O Y S H
N C M I Y B O L E A G U E S
G O P R M E D J X S C F S Y
M L I I I R Y O E K E E Y T
E A N T E S T I R E N S L I
N D G N A H T N C T T M I N
B U I L D I N G I B E A M U
S L F F V P C F S A R R A M
E T K I D S O O E L G G F M
S S T S T R O P S L O O P O
S C A U P N A I T S I R H C
A O T N E M E V O M A P E L
L V O L U N T E E R Q Z L U
C N P U O R G I R L S K P B

At the YMCA

S R E H C A O P W W L S Q S
E L E P H A N T I D A E R K
C I T O E F Y M L U B V D N
N H U B A R R A D M I L E U
E R S M V I O M L B N A R R
G E K U Y C V M I O N C E T
I T S J B A I A F G A S G A
L A S I A N E L E P H A N T
L W G G B F A S I X T F A N
E P R O B O S C I D E A D O
T Y S U C R I C I A E R N D
N R R I T E P M U R T I E O
I O A T N S M A R T F A Z X
K M E S H T O M M A M A I O
S E S D N A L S S A R G S L
F M R E D Y H C A P K L A W

Giant Elephants

G S S M U E S U M S W O H S
L N S T E C H N O L O G Y P
A O I U S T E M O C N P E R
T I E N N O S S N I R L D O
I T Z P I I R Y G E A E U J
G A Y C L A V H S S H D C E
I L A R T A T E E R X O A C
D L W S O S N R R A A M T T
L E Y C K T S E E S V L I O
S T K Y A R A Y T T E E O R
C S L T O O A V R A N U N S
I N I O E L E D R E R E A S
E O M S P A C E I E R I L R
N C U S R B D O M E S R U B
C N I T H E A T E R S B O M
E D H F S I M U L A T I O N

At a Planetarium

C I S U M D O C U M E N T T
C M A G A Z I N E S L G S S
A A M D P M E D I A N P I A
B R O M V C M M I I L F L C
L K V I D E O C M B K Y A D
E E I N F O R M A T I O N O
C T E F P E A T P S S E R P
N I S E M R E R I U W F U O
E N N M G N O Z T S T F O L
I G O O R R Z P P I I E J I
D C R E R A A A A L C N R T
U P T A R T P L M G P L G I
A N D A Q E C S T C A F E C
I I P W R I T E R A Z N P S
O A E S K O O B L O G S D U
P B G N O I S I V E L E T A

The Media

J B W O H J E Y N W F E Z K
P A W E L C O M E Y O Z I V
R N W O R C U E E N R N X Q
I D A N I T K Y U R M Y L Y
N O I N U E R T Q U A T L R
C S C A N R T R L T L L A J
E I C D P I K A F E A A F S
P O S H R F F P G R N Y V F
S E C U O N A Z G L O O C Q
S T G U M O S D N E I R F O
E E U E L B L L A B S A E G
R T M D L T R U O C A T T N
D A N C E L U D E H C S A I
G O I J J N O R S E C A D K
N L E V E N T C E G O P E P
E F S T R O P S T E K C I T

Homecoming

S F T R A T L A M Z E E W B
G O R T A S T E G M N C M K
P O U E L P P A C E T I C A
A D M R D W T I H D D R R B
C O O K I N G C H I Q O O E
F E R M E N T E D C M T V L
W H I T E I L I V A T S A K
H S D C K S S D C L C E L C
L M H U I T T O E B O D F I
I O D E I M N I I E C A R P
Q T N L R D A T C D O N U U
U H L A I R T S U D N I I C
I E L M H E Y H L A U R T W
D R E C R T Q Q E A T A L W
T N M S D A E L I O B M A N
T Z S V E W C W I N E K S W

Vinegar

P O T N E R E F F I D E W Y
A Z Y G O L O N H C E T A R
I X E O R I G I N A L A R O
N T U T Z M S N G I S E D T
T L Q S H A T S I L C R A S
F A I C C G P H E D U C N N
A U N D O I U R E R L M C I
R S U O E N E O O A P I E A
C U S T I A C N H D T X U R
L N I E H T O E C T U E E B
A U U R C I N T P E R C R R
I G I F T O N E A T E A T E
C I S U M N R K V L U F H T
E W L E V O N P I N E A U I
P O E T V I S I O N I N L R
S U I N E G I N S I G H T W

Creativity

I G E A R E P P O H S D I K
Q N S D N E I R F A R E N A
V I O L E N T H D L E I F L
E P S R O O D T U O Y B R E
S I D E Z E P E A D A U S A
T W S K S A M P F L L V E G
Q Q T R O P S Z O E P J M U
R X U G U N S P S N N S A E
T O Q E W N T H I D E S G S
C E A M M U N I T I O N E T
W F G E A C T I O N I L T E
O M A R K E R S N P G A L L
O A T T A C K U M G B T O L
D N R X R T F A O M T G Y E
S M A E T U R G O A I M Y P
U X W L W S H C B F T W U Z

Paintball Fun

O Z G C M S F H T O L C A W
T U A K O G O L A C O S T E
E N S A J S P O R T S N H K
K I R S I N N E T S T Y L E
C F O E M B R O I D E R E D
O O L J E A N S C C C A T N
P R O F E S S I O N A L I A
R M C L N V S M Y L S P C R
E W T O L S F B S S U H H B
P S E G A O L U L H A L P H
P L K L R E O T A I L A C Y
Y E C T M V O T C R N U Z F
N E A B Y Y S O K T W R F T
O V L E X P E N S I V E I O
P E P C B V D E S I G N T K
M W S T Q C N M T D K E L S

Polo Shirt

O R I V E R W A L K W A Y U
C S T N O R F R E T A W P S
E D S L E T O H E R O O E T
A G N I H S I F H E C E O R
N B E A C H E S W S E D P O
F O O D L N U F S T A I L L
R P E D E S T R I A N S E L
O P I Z Z A I E R U C A X I
N S K C A N S Y R R I E P N
T S A O C T S A E A T S E G
Y L S K N A L P F N Y K N A
E Y D N A C N O T T O C S M
N I C E C R E A M S S C I E
S T S I R U O T R E I P V S
I W E I V Z F A M I L I E S
D L A V I N R A C R I D E S

Boardwalk

H O T V I T N M C E T N I Y
O Q R U Y A P U S L C F G L
H P A L C T B J L B U D R Q
Z J I C K B R A C F H R X M
W P O H C A U O C C P D F I
M I S I C C T L X V I B E Z
L A F P S G I F C B U L A E
C A L M S P P T Z W Y Y I P
E M A C A M P S Y A V R H M
C G C W C S A A L O P U C T
R L L A C A I C Z T N R I X
Y X G L K A S R W H M F C D
B E G C E E V E K P Y O J T
N L A D P C H E U G A H A G
R T O I A C H I N L F O V P
H C O P A C T C W O C A M B

Starts with a C

R I D E N A L I J U N E A U
E B S O M O O S E W A R D F
C A N A D A N O K U Y F G R
I R C D F R E E Z I N G N O
G R A S R E I C A L G O I Z
D O R A T I D I T S A V T E
R W I W U T N M F N R E N N
C E B E N N N U A I G R U O
P F O A D O O E I A N N H M
R I U T R R R L R T I M N E
E L P H A F T O B N H E O E
T D S E I D H R A U S N M S
N L B R L C E T N O I T L I
I I N O N I R E K M F T A U
W W C A Z S N P S W O N S R
L I O M I K S E T A M I L C

Around Alaska

P Y R E N I F E R S H O C K
R O S F I S S I O N L A O C
O G W V Y L A I T N E T O P
P R I E G O T D C V R D A F
A O T S R N T I U C R I C I
N U C L E A R E D M A D A L
E N H R N H O S N R B M I A
P D R K E T T E O P P G E M
O U T E W E A L C E H Y N E
C T T G A M L R R T U E E N
I H A A B T U E N R G L S T
T E W T L D S I A O E G O C
E R O L E B N N R L V N R E
N M L O D G I D U E Q A E R
I A I V Z U Y O H U N L K I
K L K Z M H J O H M W I N D

Energy Everywhere

W A T E R G N I Z E E R F F
G R E E N H O U S E X T W R
C W E R E H P S O M T A O O
Y R E D U C T I O N I G N Z
C B A C I T C R A T N A S E
L O N P T S A O A O C P G N
E U A G L I E R L E T O L G
S L I I L R E M R E D A L A R
T D N A E E I E O P E A C E
E E O C L V A S P C M R I E
E R R I O B E T T E E E A N
H S U A Z T E L L O R C T L
S W H L S U N D A A C I I A
E C H A N G E S O E K E O N
C D P G L A C I E R S E N D
I N T E R G L A C I A L S E

Ice Age

L S E I R T N E T T I R W M
I S T C E J B U S K O O B C
B R E N S E D U C A T I O N
R E X P E N S I V E S U N P
A S T C A V S C I E N C E E
R O I O R R E B I T D F G O
Y U I N C B T R R P L A D P
R R W T H L O I Y G O C E L
O C A E S G E T C T O T L E
T E M N E S H A R L H S W G
S S E T O T L N R O E I O A
I U A E T I N N S N H S N U
H C N N O I T I D E I T K G
H S I L B U P C R W G N U N
C E N C A R T A I P H A G A
E V G W I K I P E D I A P L

Encyclopedias

F P S I B W O R K K T V Y L
T R I M X R E D L U O H S O
T I M B E R O B A L E A M F
N O P A E W C A M P I N G Y
F E L L M W W E D A L B N Z
P P E X A E L T T A B Q I Q
T O M S G Q N B S I X I W Q
V U A W N G N I W E H E S B
E L C L I M B I N G V W O E
C P H U W E L D N A H R L P
N Z I M O Z L S E G D E A A
R H N B R N Q D P C V P S H
G E E E H O I X I E H P C S
F A Z R T R R I R N L O G T
U D S Y M B O L G I G C P X
A U W O O D N S T E E L M L

Axe

C A S B O J C H A N G E S E
I U S L E E H W R E T A W N
T N L S N I N D U S T R Y G
I L V T E C H N O L O G Y I
E Q U E U M A C H I N E S N
S R B U N R B Y M O N O C E
Y C A P I T A L I S T T O S
C O T T O N I L Y R L Y A T
P O L L U T I O N L O L L E
R N O I T A V O N N I N I A
O G N I R U T C A F U N A M
G B Y T I C I R T C E L E P
R A I L W A Y S L A N A C O
E T E X T I L E S D O O G W
S L O O T N E M Y O L P M E
S N O I N U D A O R L I A R

The Industrial Revolution

I R L L O B S R Y T S E Y T
I J J B E L O A S Z C F F X
C L C P M A L E A K C I L H
L M E G F A D Q W A L L O T
A M K M E H L D S E N A L W
S S H H R K C A L A V A L M
Y D R Q K P S A I E N P E Z
B U M A I A C O K D A L A T
M Z P L J E E T N L T F N L
U X B D I L K S L F L E S S
X I V E E T P A E L L E D L
P Y S C K O M L L E N S I V
U G Q N D E A A R G B P T L
N N N S N T Z H W O L R Y Y
L E G Z E Y V O R L H R N Z
X N C H L E T B W R Q K P T

Starts with an *L*

T S H G U O R T E N E R G Y
N S P L I T T I N G F O A M
H F A B Y B R E A K E R S C
S E H O E C A F R U S Y M I
A T I Y C N N O I T A R U D
R C G G Q O S E M I T U I O
C H H E H I V B U N I N D I
M N S L S T E O O Q D D E R
R O I P P C R I S B E E M E
O I M P A A S S T S E R C P
T T A I C R E W I N D T F M
S A N R E F L E C T I O N O
W R U P T E U G O R L W C T
A B S I I R S W E L L S U I
Y I T E H E R O S I O N R O
D V L O W S E A S I C K L N

Wave Action

D O O F M C G K I E P G V N
T Y X Z P P L I Z S A N D C
B I Y Y O M A I H H A C R W
N B G Y Z I S Q G C L L E K
E J E B Y R S N P L A N T Z
T M N B I H I Y T E I R A V
R Q O O O S K C S A E G E M
O T G H I W I I Q T M K H I
C O R A L T L U L R E T A W
K E R I O L A I F L C M B S
S M G X F R F R B F O A S Q
B H E G I P E B E M L C A V
T S P U S S U E B A O L J V
A I M P H B D M N B G E F J
N F E P K F T C P A Y A P U
K T I Y F B E E E M D N O P

Pet Fish

R S T N A R G Y E N O M A P
E O S E C U R I T Y Y I M H
W W F S N N O I T C E L E Y
O E B F E I E P N N Z I R C
P A R S I R B E R E N T I I
O L A E R C G A C R O A C L
D T N X S A E N C R I R A O
E H C A E P M I O U T Y J P
M X H T E I E C M C A C N E
O F E E T T I M M O C I O G
C B S C A A O S E C U L G D
R I U N U L L V R O D B A U
A H E R C T L Q C U E U T J
T S T N E D I S E R P P N W
S E L U R A B V E T O E E A
H O U S E R U D E C O R P L

The Federal Government

H K W K T X S Y X Q K L G S
I X A D I Y R N G E L K A V
Q K S E D D I L C Z L R Q V
B J S R L O U Z S J O O E M
E K C A L B T E T I R W L D
Q U D S K V T P K S F N B F
P U L A L O O H C S O T M V
U P I B N C A P X K R T U S
K R N L K X B A D A M N I B
W H O E L B A S O P S I D P
J U T L O F F I C E L N E P
U T L O O T P B U J E B M Y
R K J U O C H A M B E R E M
I N D I Q M Q L E X T A T G
D W W N G I S L N H S S A C
M I J K T X L D T G C S L X

Ballpoint Pen

C H B R A A X D T H K K N E
P N U F H S U B W H T C G R
G D H C R W D A L C B O C J
Y E G I U D E B O U H U M W
I E C N I A A A N S S G S I
T H A C C T T C O A C H I S
V M T H H H H D E P T H P H
N R U S H F C P U R Z U Q J
E C X T T C T U I T Z H U A
P M I C R L I B M D C P I H
X A H K A O D E W R B H O A
F S T G E T J N A O S S T T
O Z I H G H C C T A F I S H
P H W G K P T H G U O D U L
X Z K I E T N A M N H S U P
C G W S J S O K M K H W T L

Ends with an *H*

Y T S F N L H D W W K N H E
A N U R A M P H A M V K L A
N G B R S P E H R O U T E S
L I X Y N A B R U L R N F T
S S L X E M C P G J T R T H
S R S X D I V I D E D A R G
K O I O F G L N R I W C B I
C T A F R E E W A Y Y R S L
U A A X V C R M H T I A E G
R R P E L O O P I D S G N R
T Y L D A N R C G P M I I L
R S S R D N M E H K S G L W
A F P I U E I A W S H O A C
V J E V W C L F A T T T N E
E T E E R T S P Y O O N E R
L W D V Y U I G C P Y O G T

Interchange

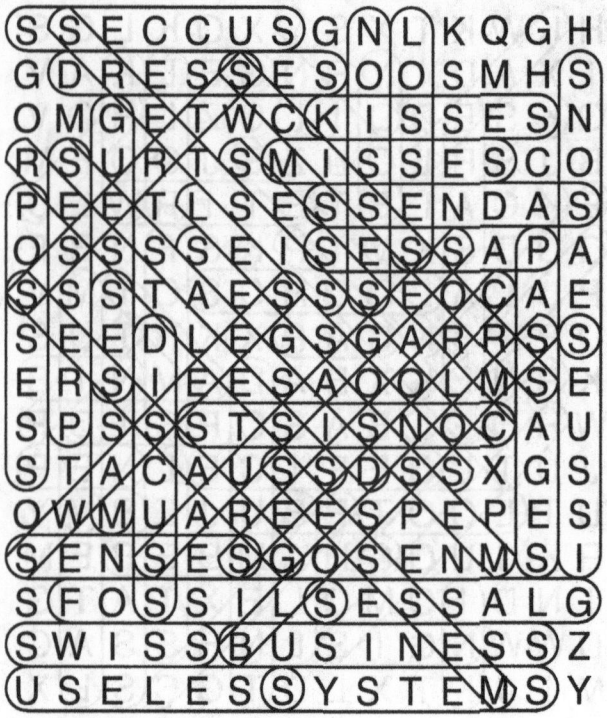

Three-*S* Words

Log Cabin

Blue Things

Movie Projector

V E S L A V I T S E F D E D
E A L N E K C I H C T O C N
G P O D A C C O R D I O N A
A A U N D E T T E Y A F A L
S K I O D I L E N T Y C R S
U A S V R I F R T L A U F I
A T I A I G A B O U D I N S
S A A S E R C L H W S S S W
O G N C A L G I E G E I N A
U N A O O R P I N C U N A M
T I R T B G G O N H T E I P
H K K I M I N I E I T F D S
E O O A U A Y E D P A E A P
R O T A G I L L A R F C C I
N C R F J A M B A L A Y A C
F N W Q U E B E C I R M V Y

Cajun Life

A C O E D I V I M A G E S W
S C O R E N I H C A M N Y A
G N O P V N C O N S O L E U
P L A Y E R O L A T I G I D
P O P U L A R I T Z B W A I
D I S C O M P U T E R N K O
V P Q E P D B S E C I V E D
D I U L E W P F K M A H B N
M E A L R E T C A R A H C E
E D R I A Q I T O N L I N E
T A T K H T I S D N R N M R
S C E S S O H H G C T A S C
Y R R Y N O E I U H G R P S
S A O I O L S I O R E W O P
L J W T D E T P I N B A L L
S O U N D S R A C I N G W P

Electronic Game

E R I M A R S H N P X Y L B
F Z H U D Q N K O R W G I S
C R A N B E R R I E S O C S
I E R G F E E G T C D L H O
T T V A J T N P A I N O E M
C A E H K A V K V P U E N L
R W S P H R I E R I O A W I
A T T S A T R D E T R H O O
Y B A I B S O N S A G C R S
E L E L I B N A N T L R B B
L A P T T U M L O I A A Z P
L N Y F A S E E C O M C V M
A K U O T N N R S N I I U A
V E G E T A T I O N N D H W
L T N A L P G N I K A U Q S
G A D A E D L O C N I A R G

Bog

T B C A S P G V S W E E T T
T W A W C D F Z A G K G J R
H C I R R M R E D W O P E N
A S N A E B C U S U W T U Q
S Y U L A I F O R E T T I B
S F T E M X N M O U S C A Z
S E C E I P E B B K T S H F
D Q X D E T R O P M I O I O
G N L N A B Y E H S R E H K
H I U U R X S E K A L F S R
C O C O A C A C G L I K P A
A E W P R P Y U R L Q N I D
K N U M N G S D K I U Q H U
E V S O L I D L N N O W C K
L A I C I F I T R A R A W W
E T I H W M I N T V C Q K M

Types of Chocolate

M A G T L C H E E R M W K S
H Y V A E H O K P Q X H Y Q
L A Z J W E B U S L E E H L
F X K S T S E E G R E N U H
B O I E W T H A A H S H T E
U G T H X C Y E R C E T C A
J Q C C N R H O A A H D H D
L T H I G H E S T P C E E E
B E E R H T L A E H T H S H
R H N D E H C T A H A C E G
R E E F A E H A E E C A L U
D L V D V L E E S M V A D A
O L A H I M C H E I C S O L
E E E M L E K H E I G H T C
H N H H Y T Y R H E N C E E
S J E S S A K Z C H E E K W

***HE* Words**

A F C A R A M E L S E E D S
T R E E S L O C P C N P O W
Y T E I R A V R I S O I O E
B X C D M G I U C N I R F E
D N U C D W J R G H T R A T
H R A Q O E C H N F A O C A
L U S L L V L T I O N R S E
Q B L P N E H I K R I S D H
V E P E C D G M C B L A S S
Y A E N C N F S I I L T M M
B R A I I A V Y P D O I O R
G B D K A M D N I D P U S A
X E O S U A U N J E I R S F
R O T C O D Q A U N U F O V
C E Y D N A C R F O F A L L
M R O W M M M G S S R X B C

Apples to Apples

G E Y R T S U D N I I W B B
N C U I S I N E C N E S R C
I R Y R E P U B L I C I H G
P E R S P O P U L A T I O N
P M R H X N E S P A N Y A I
O M E I Y I S I I E F B C D
H O F P G R T N S R R A G L
S C R L O A T E T U N T U I
Y O A A L D R S R T B E A U
M A T I O N A S O L U R N B
O S S C N A V N P U D R G H
N T A N H M E B R C D I D A
O D S A C S L D I G H T O R
C O I N E D U C A T I O N B
E O A I T A O I S M S R G O
L F N F L D I M S U M Y H R

Visit Hong Kong

T G B S L E S S E V G O L D
H N A E M O S N A R A I D S
E I R T H M W E A P O N F A
F P B A S C E C N E L O I V
T P A R K C T W S A C L N S
C A R I B B E A N A L O E H
S N Y P J R E I P E I F S I
T D M Z C S M T G E S L S P
E I A A H I A A R A Y S G S
A K C G R I L U B T R E N K
L S I C N I S O O E L C I O
Y H R B O A T R V G O U K O
E O F Y E A R I E T O R I B
N R A R G A R P M T T I V L
O E T E P L U N D E R T S A
M U R D E R O B B E R Y V W

Watch Out for Pirates

Dream It

See a Ghost

Roses for You

Starts with a *V*

M O N E Y N N E P S B J M S
A Y K C U L A C H E R R Y S
T A T G A P A Y O U T A T W
C I U L A S V E G A S O B Q
H I D Z I M H R E E L S U S
B L F N D T B O L S G A P L
O J O J A Y P L U N R I R L
N S R S X B A B I T N Z B E
U N T I S D L N E N S L U B
S I U G A E N R I T G O T C
N O N V K I S N I D T S T H
E C E C W Y G D O I V I O A
K N I F A C E L L F U N N N
O N Y L C R L E V E R G S G
T O P K C A J C I S U M X E
P O N E R V I D E O D D S J

Slot Machine

T S A F I A T G R O U P N N
P G E G R A N T U R I S M O
S R F L L E H S E H E A B I
T A A A I D D V S V S A I T
A N C N P B I N I S R D R I
L D T E C R O T A C S E A T
L P O D D I O M H R N S R E
I R R O P M N E O O B I R P
O I Y M O D T G A T C G E M
N X A T E T A L H H U N F O
K H U E A S U D A O R A O C
C A P C O M P A N Y R I Z A
A S S O R A T S E T Q S N R
L L C O N V E R T I B L E S
B X F O L L E N A R A M M Q
E N A I L A T I E N G I N E

Drive a Ferrari

W B A K E L I T E L B A T P
R E P A P A C K A G I N G E
A L E N V I R O N M E N T T
P R O L O C I T E H T N Y S
T S R E N I A T N O C V P A
O T E L M F L E X I B L E W
X Y T L A I A C R Y L I C P
I R S A T T L E M R C O D E
C O E N E R A W R E P P U T
I F Y D R A H C L C O S R R
T O L F I S L L D Y L E A O
Y A O I A H U E P C Y L B L
S M P L L L D A T L M T L E
G U J L O L R R O I E T E U
C U P S O N O L Y N R O I M
C H E M I C A L S G S B I N

Plastic Please

E W A T C H I N G U I D E S
G T O V Z H V B I R D E R S
G Y N O I T A V R E S B O R
S H G E D D Y B H E R O N O
B P C O M P E T I T I O N O
S A H S L N E O I T T K I D
N R C C E O O C G V A S B T
O G A K N I H R K R I T O U
I O M L Y I C T I E A T R O
T T E T U A F E I V R P C M
A O R H S C R E P N N S H A
R H A G E M O D E S R E P Y
G P B I R D I N G D T O U B
I S L L A C D R I B I D O B
M A W F R A U D U B O N R O
F O R E S T N E S T I N G H

Bird Watcher

E R I A T S A W D B M I L C
B E I C P A I N T U R P M B
D A R G D S L W G I L O U V
N C D T I O T L G L K R N E
O H F L F D O R A D E T I R
I J A N U O F W I I X A M T
T E L E S C O P I N G B U I
C R L H O O K R U G G L L C
U E E Q U I P M E N T E A A
R E D D A L D E X I F R R L
T W H P D F E P R O P E M S
S O P T O A E A H E I G H T
N D O U G T L G N I D L O F
O N O I S N E T X E R I F P
C I L A Y T E F A S K R O W
F W G N U R V L L C I T T A

Ladder

S D A O L I F T R O T O M D
L P O W E R E N T B O J H H
E G N I P P I T E T S A W N
E N N O I T C U R T S N O C
H I E S U P M U D E D I S A
W P Q O W E I G H T T N A X
P M U D R E F S N A R T N L
U U I I S E R I T L D R D E
S D P E H Y D R A U L I C S
R R M S H E O V I C B D H W
E I E E B P E E N I H C A M
K V N L S H E M P T Y Y U B
R E T N I M A T E R I A L S
O R A C R A L E V A R G I B
W R L F S E R V I C E P N S
T E N I G N E T E L A R G E

Dump Trucks

D T G J G N I Y R F L O U R
I T L A S T R E S S E D F P
N D O O F A E S P E P P E R
N P D G N I L I O R B O A G
E G N I T A E H T N R G O Z
R R L E E G G S A E U U K N
E U H M V R S P T S R C O T
C T X E I O O T O M U M S S
I E E L R L U A E I E A I P
P N L H F B K T S A U M G I
E S S Z R L S I S T M N Z C
S I O F U T N U E E I I F E
F L Q N I E R E R L N N N S
E S C I T E L L I K S C G G
H H O T S Y P O U L T R Y L
C G N I K A B Z E V S J J C

Time to Cook

M O R U B B L E W O R T F M
A T O O L S C E M E N T I A
L T E D A R T L B L O C K S
L A R D E H T A C T A O C O
E J R M N U Y C A S R N I N
T M M U O O R I G A T S R L
S A C R T E I R I C N T B L
H H G O A A A T L U E R G A
D A A T N N N E A M M U I W
T L I P I C S M R D U C G E
N V I T I I R O C K N T N C
E W E U H N F E C C O U E R
I O N C B P G G T S M R O A
C R O F I C I T I E S E U F
N K T L P Y R A M I D S S T
A O S R E Y W A S K I L L C

Stonemasonry

I T W I R E V L I S T L O B
T O U G H B D R I T E T P M
L O R E R O S D U R A B L E
E L A I R E T A M E G R A T
M S D Q C S A C M N O A T A
T G S S Y O I S I G T C E L
E K T Q U O N D L T E E L C
M Y U A I P L S L H E W I Y
P E R H E I E L T D H O B C
E P D T U H S R A R S O O L
R R Y B S S S R M J U L M U
J H E E A U G Y L A D C O N
P A R D E R D E F I N K T S
M R M A C H I N E S P R U B
E D Q L E C N A I L P P A O
H C U B M W E L D P V K F R

Strong Steel

R S T O E P I R O Q U O I S
E O E L H H F C I S U M T E
T N C B C J H E T H N I C L
S I U E A I E V A R B N E O
U S M U P M A S Z T G O P N
C A S P A T O K A D H R S I
O C E G C H E R O K E E E M
M W H A M O H A L K O G R E
A I G E W R E L I G I O N S
N O P S Y P W A T C O H C M
C S U O N E G I D N I I H I
H A X P H G N I L B M A G R
E M O H I C A N S I O U X G
U W H A Y O U Q E S D N A L
C H I E F S E I T A E R T I
N A V A J O L A F F U B D P

Native Americans

S A W N J Z M D T Q U N K U
L D R A W A E C N E F I E S
L E G E L W D X E S R O H J
O E I Z N K I Y V F P M U J
H R S T H A R N E S S D D W
G B L K E Q U I N E G S H S
U L W Z I C A R G E G L S P
G A I T P L U F L N R A J O
H R S A D D L E I D L D H R
P E I I T U T T S C W E S T
O N R B M I T R H R L M U T
N W L A B U M O O M U C R A
Y O N V C O N T E S T O B X
H E T C N I N T D U O A C K
R N I E R S N W O H S T Q N
G H Y N B Q E G R O O M O C

Horse Show

Z J C F N S L L A T C W L U
B O R L T D T A O B E A M U
L D L O I U O M I N N T P E
X P N I C F K P Q G K C T E
T E Z A G K F C I A K H S Q
D V D P S H Q S D R A Z A H
P A D I B F T R A V E L O W
C W S H U B S M L R R R C A
C A E S I G Y H O C E A N N
F T B P L A N D O G P W D W
C O V R D K H L N R E S O E
T O G N I N R A W R E A N T
Q L J H N G D K R Y K I B J
G D E R G O H E E B A L U Y
V N C N I G H T E M O O D E
E E F A S X H P F P O R T M

See the Lighthouse

C I O L G G J D T A L K I U
T S C J D U S O D J J R L R
Q E L Y N I V O N I O N S E
C P I K E M S E O T A T O P
T O O T H P I C K S I M A A
F L O S T S L L O C G S B P
Q E U K G E T A K U T G D C
D V S O I E H E S A N B E H
Z N E O S E R G K T A T E I
W E D B A S S I A N I C D P
W E C O U P O N A P I C E S
P F D I M U G N O V S R L K
E F A Q R O A S D Y F N T C
N O E E L S K A V U A D N O
S C R O T I I L M D I R T S
H P B E A N S E Y D N A C B

Cheap Things

T L S P O R C O L U M B U S
N L L A I R T S U D N I U T
E M A G W C H I C A G O C L
C I R R E G I O N Y I S O O
C N U I B M O N Z G N A R U
A N R C R H W I I I D S N I
N E M U E E A L A F I N B S
I S I L A A E L T A A A E M
S O S T D R P I L R N K L A
N T S U B T C S E M A E T L
O A O R A L I E B L P N I L
C L U E S A T T T A O T O T
S F R F K N I A S N L U R O
I G I R E D E T U D I C T W
W H E A T R S S R U S K E N
H C R A G C O U N T R Y D S

Around the Midwest

M N R Q S R A T U N N E L U
Y E C L I P S E I X R I Q Q
S E A C L O S E T E C H B I
T R G T W F M A H O G A N Y
E N A A T M D T R T T I W E
R B V L R I N I E S O R M L
Y J I O L A C I T E K L N L
L V T I P E G K H R F Y C A
E S E B O H C A O O X F L Q
Y E I V O M T L G F L A O C
E A C R A X O A B V B E U C
S D S A D C S Z E E L M D C
F E C H P X E W O D A H S M
W D L I O S O F L G C R O W
J G N B O T H G I N K O S Q
I K K B Z A S C B O D S I F

Dark Things

L U M U J B L L O R Q Y L A
L H W Y Q R J M E T S A Y L
M X X E R Y P T R E V L A V
U D Q K R C F U N J H D G Q
Y W K Z Z I R B M G E W H J
T N C C S O T E W P F L A T
L O B R A K E N J O A M C O
R P S D I L O S O S I T Y U
F O L D R E B B U R P O C G
S P I N U G Y U Z K F E L H
F D C B P N N G K K R A E R
O R K I Q A L I N D V L T D
Q S S K R H R O S I N K A V
H B I E O C B T P A C U T A
D T Z L X B L P S I C A O I
A T E M Y X B E A D M N R R

Bicycle Tire

S R O L I A S G I R B C P W
N A P M A C T O O B A O O A
U D N F R I G A T E S M L T
G N I T I U R C E R E M I E
E A A V C O M P A S S O S R
N H B V E O C E L H D D H T
S K O L Y R R A D A R O E A
I C M P U S S S R A N R D T
G E B I D E E T G F L E E T
N D S E N I R A M B U S S O
O E A N N A P O L I S E T O
R F E I H C K B P S Z R R S
F E O F F I C E R S W V O P
O N U S M R O F I N U E Y I
L S X I A D M I R A L S E H
K E Y R A T I L I M N Z R S

Join the Navy

Y L D E I R R U H R E A D Y
F I S P R O M P T L Y V Y L
F K U O G N I H S A D L I D
I E P S N I M B L E T K O I
J M E T I S H Y T F E U P P
A A R H H P U A I C B Y D A
N D S A S E R W R L W P Q R
I E O S A E S A E C A P A G
N V N T L D Z T U O T A L F
A I I E F Y I H S O O N Q L
F T C R T M A G I L E S U E
L C D S E T A I D E M M I E
A A A T O H S A E K I L C T
S F C I N O S R E P Y H K I
H I I F U L L T I L T U L N
E R E S P O N S I V E L Y G

Quick Words

W E T Y T E E T H H Z Y K S
O L E Z E R L C S H I N E E
N A B R V L A A N Y N M Q Y
S W P D I V L M G W H I T E
M W M N T F L O S T O R E C
I F A O D G L D W T P R L H
L G L O W D X I O E A O D I
E I L M Y V E A B D T R N L
B K G A M Q S M N H K S A D
L R D H R G J O I A Z N C R
U A Y C T E D N A L E N E E
B P T A W N G D R O Y T Q N
H S T E E I M O N I T O R A
X S L B M U N U S I L V E R
T S C A R S R O L O C D K U
I O W Y H S Z G N W I U N R

Bright Things

F R X N O I T A R E D E F W
A V R E N T A H S K O O B E
S S H I P E S I H C N A R F
S E L B B I R T L I D U S S
E I V O M P R U A A T T P U
E R B N R A V T T U E A I L
I E D E E U P A F N C L C U
K S T S L A J G A E E E A V
K N G C C L K L N L B V R O
E L A O O I P L O G R A D Y
R N L T K E E H I K I R K A
T K A T N N M N T N D T M G
B C X Y S R O T C A G A F E
D O Y Y O C C M I E E O A R
V P A W I M L I F B A E N Z
Q S R A T S A R U H U W S R

The World of Star Trek

D R X H I S T O R Y M R A D
W O S D N U O S M P W K R A
D I T S M A R K P U L S E S
W A R S E M E R G E N C Y H
D F A E S L I C E N S E L E
I D N C S T O L I P K N A S
S T S N A V I G A T I O N L
T E L E G R A P H I C I G A
R B A U E S O G A R L T U N
E A T Q S L I T E T E A A G
S H E E D A H V A I T I G I
S P B S R R I P U R T V E S
D L L T D E C O D E E A G H
A A S E C M H T Y H R P N O
E Q H E H U E M O R S E O R
R Q R S A N U M B E R S L T

Morse Code Message

Q A P P M K O O C O T Y A W
W I N E A R E C I P E S F O
F N I R S O C S E U I J I H
N R P S T H I P R B V U L S
Y O E O E T S Y U L O L M G
H F P N R U S N T I M I P N
P I S A C A A A L C T E R I
A L E L H H L I U H E P O K
R A U I E L C N C R A O G O
G C Q T F B E O T W M W R O
O D C Y S H L S O N E E A C
I O A N C L L H K K R L M E
B O J T E Y S T O P I L S M
W F I G R V O I C E C N M M
G K E E T W O M E N A G G Y
T E M R U O G S R E N N I D

Julia Child

D V D R E A M W O R K S K T
L O G R E T S N O M I Z E S
P U S S I N B O O T S M R A
S R E T C A R A H C S I H E
L V I D E O G A M E S K S B
J O H N L I T H G O W E Z A
P N R X C S E I V O M M A N
I E D D I E M U R P H Y I I
K I N G F L S L C P Y E D M
Y S A T N A F S I S D R N A
K N I G H T R X F F E S O T
D O N K E Y A Q L I M R R I
C H I L D R E N U L O V E O
Q D L A C I S U M A C N M N
S D R A W A Y M E D A C A O
Y L I M A F Y E N S I D C K

Shrek

U X G G K R A P L O U G H W
G F S B L Y D W A G O N D B
F Y T E E R T S M A E T A L
Q A D R A E L C I H E V L F
Z I R Y O T X H N J Y L L L
R U E M W M B O A R H I U F
S Q L H D N A O T D O D P M
C I P A S S E N G E R F Z C
D A O R R T U E T A S I O F
L L E N S O I R O I E A V L
O L P E C Y S B G L C P I E
P M H S U L K Y X H Q A Y E
T U K S G C H A R I O T B H
U R E Q U I P M E N T X L W
H E A B U G G Y A X S L E D
S Q L P I H W R X S B R T N

Horse-Drawn Vehicle

S U D A N I G E R E D S E A
N E M R E T A W I N D P L R
Q D L O X A I R E G L A L A
D A I S U H N O M A D S E H
U R Z N D N B H T E J S Z A
S T A O G N T E L E N I A S
T O R I W J A A R A G V G T
A C D G T U N L I B A R R M
L C S E S D D T D N E E A A
F O C R F A P I N O S R I L
C R O O H Y H M R E O S S I
A O R C G I B B D A A W I B
M M P E D R O U G H T O N Y
E V I S S A M K O T A U U A
L S O C H E E T A H E A T U
S S N I A L P U V I P E R P

Around the Sahara

G C U I S I N E J F C R I C
N F F A A B C H I C K E N O
L A M I N A R L Z B O C D W
E R E N D G E O B U B I U S
L M L L W T U G I L E P S T
T E K S I R B S R L K E T E
T P R O C E S S E D I S R A
A F V H H T Y V M R A N Y K
C F U S H A N K I O A P G S
T C G H A M B U R G E R N I
K A R D E E F T P E I O I R
N M E A T L O A F L J T K L
A C N M A P P K L J P E O O
L U N C D E K O M S J I O I
F T I K S E N I V O B N C N
P S D O O F R E H C N A R B

Beefy

A W N D I W W C S C E J W W
B T L R O O O A E S F D A A
T D E L L O R T N O C U T R
I M G L K S H E O O D Z E M
N Q E I O G G L M T A B R L
D Y N N I Y A B C R M J W Q
E G N L X O U A I E A I D A
R X P O C S N M G G G H W G
P N T R T D W M N N E O U Y
R R A I L P I A I A O B E K
O H O E N V L L T D U L V I
C N M J U G D F E R O L O C
E S U O H N U O N D I I T E
S T A T I O N I H D E R S O
S M O K E L N H S A S D N F
T O R A N G E C Z H U M A N

On Fire

I M N L D G N E N N R S S F
R M W R O G R P S R D E R E
T L A U N A M A E N E P E L
E Y L C S B F D U H P D W L
C I R V H E N O F C A W O M
A T T C T I R O I L C I P L
T U M Y L O N O B U S I G S
C E O Y Z I R E H M D W C M
H S C E D G P O N C N H N H
E R A N N R Z P I T A E D G
R E S I D E N T I A L E L R
M U C G T W O H A N D L E A
I A W N E B T R O Q G M I S
R I D E O O K G G M M S F S
T P D R O T A R Y U E S G Y
H S F L U S P U S H G V D Q

Lawn Mower

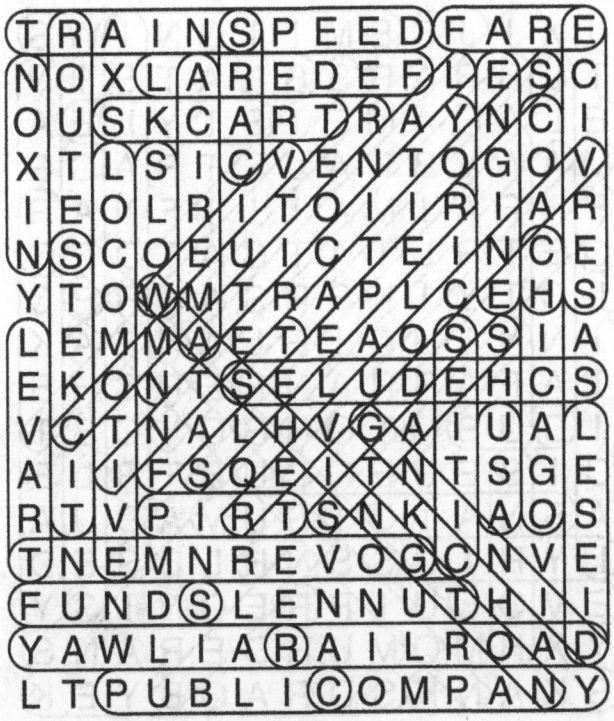

All Aboard Amtrak

Theater of the United States

Jimi Hendrix

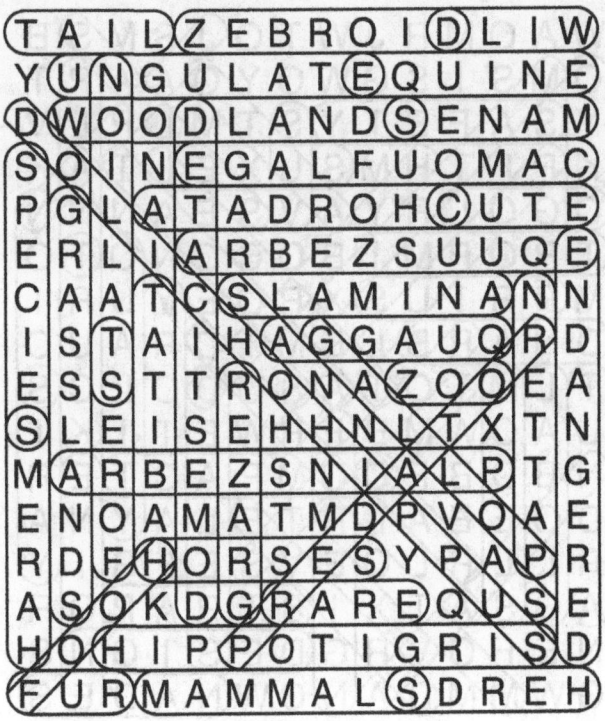

Zebras Are Cool

G N W H I N I N G C H J O Y
P N O I T O M E E U J R B C
R T I S S U E S R W P A S F
H W R D R A E T F C B S S F
Q N E S D R S N O I N O E C
U V O E Z E S N O P S E R T
A E W N P F H C H I L D T N
N T E O V L A S N I A P S S
G A D M S E Y G N I N A O M
E N D R E X R G G D W B L K
R T I O Y I C B A W L O U D
H R N H E V E S A E L E R G
A U G F G E M R E L D D O T
P M K A H U M A N S S O L C
P M G I N F A N T I D T G U
Y O A A W A I L Y W P G B D

Crying

J X I J S E M I T G N I W S
T L B R A R S B E A T S I N
E L A O A M E T S T Y L E A
M A W V B F A L S T R A C G
P H F A I M A I I I F N A R
O E T R L T A T C A T D E O
L C T Y I K S R S A W R P C
I N N E H C I E L A N E A K
T A F A R R A N F E R C H S
I D U B M T Q N G C Y O B T
C I S E U E O C U B T R L E
A S N A I C I S U M A D U A
L Y R I C S S N H L D S E D
E V O L U I P R E G N I S Y
Y X H M O M U R D E R A N S
S K A N K S D R A O B Y E K

Reggae Music

W A Q M R J W T Q J S M S B
O M S I S G W O Y O A A P T
Y S A F E T Y S T M L P L V
K P F T H M S U X E L T A K
O G O L R Y A V S E A N N N
T R O P M I B O C C N Q T O
M P R I U S X R O E Y U R I
D N A R B L E M I C R A U C
T L M T O T A S O D O L C S
U A O W M B F R W E T I K I
N B D B F C O M P A C T E R
D O E E A L R T E L A Y N A
R L L R L O E V S E F R I Y
A G S A T X I S T R A P G R
N E F O V R G D E S I G N S
G W M M D A N C W N A D E S

Toyota

E O R N E K T E F Z K O O N
R B U B N F J S L Q F E J S
S G S T A T U S U C R I C U
L N H C A C T U S M S C D O
G I S J E A L O U S H U V M
J S U I D A R I O O S I M A
J U L V U N K R R T R T M F
T U B G S X A U G U S T U X
H U S H K I S C S U P R U G
S L S T K O L V A D I D E L
U M K K C U S H I O N N A F
P T O I S S X S U A I U O A
A S S T U E C S B U S C S M
S U E N S U O S S U U U Z E
M R I U S U U Y L S O V H G
M M B S W H C P L B C X H T

***US* Words**

G W Y R E T S Y M A R Y O X
C N O S I H C T A W I F E F
R O I M U S A I R P L A N E
S N U S A M E R I C A N A M
E F O R R N E B O R E H L I
A A G I A U C E I C O N P N
R S N A T G N L N W B A I I
C H I U G A E E H R A I B S
H I S T O R I C A L J R Q T
M O S H D C R V E P O R U E
H N I O S E E S A S N A K C
T T M R E L P S D R O C E R
O S C N A A X I R T A I V A
L R O M Y D E S M O I N E S
I I E L K N O W L E D G E H
P F D N E G E L L I K S Y U

Amelia Earhart

V W U T R S P U M P P T X A
N A A G R Z C T O O L I I J
A O L T M A N U A L V R S P
E N H V E G D E V I C E U P
L F O P E R A T O R Y T C L
C R H T I S O R E O R A T U
T V T F S S O B H Z O L I N
A P E I F I M H E P B F O G
N A R L U A P C G F A N N E
K O U E H Y D R A U L I C R
F I S C S W J E L V K O D O
D T I L E S N R L N I L W T
L R E L D I U Q I L E T Y A
N U L I R R B R V V G I Y R
F A G A A C D T E K C U B Y
B K M L Y K K R O W W X O N

Hand Pump

N A D K T T Q T R S U S O U
L H Y D U A E S A H C U W V
N J M K R M O N K E Y U W F
A Z F E Y A I X M E X U T T
F O T E C M Z Y R D P O N Y
X I Y V A N O I T C E S Y E
K V S L M T A F L B I R D L
B W E H A H H L Q W E O O R
C B L O M A D E A A O T B G
O X I T M C N X R B A C K I
G K T R A A E I M S L M V P
H C P A L T A B O T T O M W
S O E P S I Y L R U C U N A
Y R R U F K O E A E R S A G
P I H S I W S N T B E E P O
A S A D E A F E T G W D Y D

Tails

M H A S A K S E D G B K K L
S H A D E J B E T T N C T L
I Y O O W E O Q O I H W E A
I O D O G L D O N A H A J T
W S R R D B R N I K F W J I
P G A S U A A R B O R H I E
R L C P Y T H G I M U A K E
V I A V Y R S C H E I F B W
T V R N E U T D N C T E D P
S E O T T N W E A A T U N E
D H A G X K R B B U R H S C
P W D N S N I K T A C B E B
Q I D O K N H A B I T A T B
F N M R E T F L O W E R S N
H E O T Q U E R C U S C T H
R C T S E H C F J P O J A B

Oak

R U A I P A D K C A N A D A
O W M S U I W C N E H S O L
G I E L R D O O T A N U O O
N N R A Y A O R A S O Y F B
A T I N S C D H O T R R A S
B E C D E A S T B C T R E T
P R A N L W R R M O H E S E
N I I R P I E O D A E B C R
O A N H A S U N R S R E H S
M B F E M N A B G T N U I T
L A E A T L O N P L E L C S
A R L A T R I G S I A B K E
S C I R C T E U F N H N A R
Q N O O N H W E Q E O S D O
S P L U Y R E N E C S W E F
V D H G N I H S I F A Q E X

Trip to Maine

C L E B E H A K G J C H H S
K T B O G A X T H C M W M Z
K R P L A N K T O N Y Q B P
L A C O Y D I M A H K O O H
W P N L C D M G F C A S R I
X E O T U E V O G T A O L F
W N L O R A A F S A L M O N
T S P C C E H N I C N Z D O
T E I I A S T Z P S W S B W
B A E L D R D A E R H T A O
L E C R K L O B W R E V I R
P R I K O I C C I B R A T K
L F W H L E X M A H E R N Y
T A N G L E P R T S L O O W
E J K O A H C H E E T D S I
W Q P E R U L I U M N I P D

Fishnet

R R E T T A H C O F E D D D
N E T P M E T T A R L E E R
E T T G N I T T A B T T E E
T T R T C R T T R T T T L T
T A E I E Y T E O A A I T T
E L T T I L T D P M C F T A
D T T P E T J G N I T T E B
A I A G E D D A R Y C G K S
L B M B M H N A T T A C H E
K D M Z O B N E T T I B H L
I E O O U T L O T U A O L T
T T T T Q T T O T T T C V T
T T T Y T K C L E T A T K E
E O O A F A T T E R O E E S
N P B I T T E R U A M C Z R
Q Y T T E R P E E T T E S X

***TT* Words**

H G E O R G I A T N A L T A
I Q R Y C A G E L M O S V S
S D N E R E V E R A S P S O
T H A L L A V A O R B E E U
O C A G S I T P T C C A L T
R R C G P T G M A H O K M H
Y U P U E T T I R E U E A A
T H K R E O S N O S R R E L
I C O T C H M I E N A N U P
L C H S H S C S T M G F R S
A C T I V I S T I P E E H I
U D E L L I K E K C A V H H
Q O L E A D E R A C A B O P
E F A T H E R E H B A R P M
T S E T O R P E J A I L E E
I M O D E E R F N O C I B M

Martin Luther King

E F P E E L R Y B F N M J Y
C G S L P J E U H U U E V C
U A D Y A M B K C C T A E O
L R R E D N U O R G R T T O
T D S B P T T N O G I A E K
I E B E O O C G P H T N T R
V N S O K H L O W O I S S S
A S R S I A Y L P M O E N E
T S N V U L L D A N N L W Y
E Y E I K R E F R C X B O E
D S Q K K K M D X A S A R D
F P O T A S S I U M T T B I
O G B B N C S T A P L E H N
O T O P P I N G S A B G S N
D A L A S O L A N A C E A E
R T E E W S D U P S Y V H R

Sack of Potatoes

S O I V M F N M E P I T C H
J I W O P I A N O E R E T S
C G O I V O L U M E N T O A
H B L C P H Y S I C S L N R
X U S E N S E R A J S E E C
Q Z X P A E R S M X I B U I
E Z A A G A U T P A L I Y S
N V L L B R S A L K E C G U
T Y A C O U S T I C N E T M
A E R W T I E I T E C D F I
L L M I N E R C U W E B O N
K L B G N K P Q D N O I S E
I I I E B G E R E D N U H T
N N R C T R A N S M I T D S
G G E H F D I N I Q J P M I
Y G N O S X R X G L E V E L

Sound

I X S H E A D C F W S V D X
A A M L L L S H R U G P P A
A M Y K I N L O O K O O S T
M T O P M G J U W I S S O G
S B S V S I L E N T E U E L
H H L J E S E T U R C Z G I
F U M I E M Y R T H N N A J
K G L A N C E S H B A I S V
L T Q F A K I N E S D Z S W
N A C T G N I H T O L C E A
O O U U V H A N D P I X M V
D E I S E V D G E S T U R E
E D U T I T T A E D O C T K
Z C A O O V G N I T I R W A
A P R S S M I B C U Q V B H
G H S S I K N I W O B D P S

Nonverbal Communication

Y B T E M L E H E N E R G Y
R Z N N R U B U I L D I N G
T P E D E I E T O H N M I N
S A T M S M X O H O G E N I
U U L F A T P U R G N T I N
D T O I L D E I L Z I A A I
N O M R L H R E U F T L R O
I N H E E E I G L Q L S T J
Q O W A F G E A O L E E F D
T I T H U S N M B G M V L L
H T I M S K C A L B G O A E
G C T B I I E D D F R L M I
I I F S O L D E R I N G E H
R R A M N L S Y F O R M S S
B F R L A I R E T A M A E B
Q H C R O T W O R K D K Q D

Welding Together

H P U S G Q X C E F Y N A P
D O T E N R C N L J S I G T
T G N G O E X E B E I N A J
C B Y F S Y T S O E O E N E
O Q T X E N H T N I N E E D
K P S R T I A N J E M A N U
A G A D E B W Y V A N V E N
B X N D S V O E A Y O S N M
Q M E I E H R X R D R L O P
V M C R M K R E V U A W N B
A Y K V W A A Y N V E N F R
G I N R T O N N A N A L A N
F G Y U K Y I N O I S E P O
S A N G L N G A L C N V N U
O O I O M D H N M E N O O N
B H N N T W T M D D O N W J

Starts with an *N*

Y S O D O D G E D I H H L T
F W O D A H S X C U C W Y C
R U L V T R C E H T S A F E
T Y O A E E D R A V L H I T
I H G G A T L C S P O O D L
R U N V M H P I E M P W O U
M I C K C G R S E A O O B Y
F K W H K U L E I R H J B X
D T W B I A U N V C N B Y S
M T H R S L T S S O B U P F
I N K E E B D G P P R U E N
D U R I A C T H D O D D R T
C H I L D R E N O L R S E L
E N L T S S A S I O E T E R
G A M E A H Y U S W D A Z X
Z M S B P E B U S T E D E J

Game of Tag

S D W T E N T S Y O B V H L
L T C E Y T I V I T C A E E
R E D A E L N O I T A C A V
I S S M B J N J S D M Z T A
G P D S D I K K V S P U G R
S U N S H I N E N U F N N T
T O E T X U N S Y S I E I S
F R I R B T D I G E R R N G
A G R A U P G G O M E D R N
R N F R X M N N F A S L A O
C I E O O A A I I G U I E S
G K J O S C T P S M M H L P
K I T D I Y U M H S M C J O
E H O T N A R A I M E I C R
E O H U G D E C N D R X W T
W S C O U T S B G L A K E S

Summer Camp Fun

Q E U C D I M O P Y L B G P
F L F N E A Q P I G Q P U T
Y N I K C A P I L E K T I P
A A O A A R D P E A W B I J
P K C I P I F P I A Y N T S
S X S A A A I M O E E A E E
P S L P G P A R T P R E P M
U E A Y E N A L P A T F F X
S R E P N A P L N W D L U Q
K B E P A X L Q M J N U C H
Z E C L E S O G O J M Z G Q
L V P O P G T P X N Q R R E
Z R V W Q O T O H D X A A Y
B F A V V W T Z A O P Q P H
S E Q G F J J J N G R Z E L
W Q Q U C Z W P H C Y E D L

Starts with a *P*

O L F H A P P Y B I R T H Z
L L S K N A H T N W J M H B
A A P M A T S D N E S M U L
I M Z H A N U K K A H A M A
C S J P Y S W E M O T I O N
E A M N T G E T W E L L R K
P Y N R O N S M U S I C A L
S U Y L G I E N V E L O P E
F E O I R G S B P E S T R Y
R V S H I S A A R T E O E A
E E C F E B P U C O A H T D
D N T R Y E T O N C S P S I
C T D T R C P E R S O N A L
S D N E I R F I T O N D E O
A C U P A L M E S S A G E H
W E D D I N G F F O L D E D

Greeting Cards

S L A N O I T C I F W A I N
T R S D N E I R F D A L O V
O C E E V M A F A M L I F I
R E S T I E Y G I U T B G D
I R K C C N N L S A D E O E
E C C L S A N T M E I A P O
S A I A K E R I U E S R H S
T D T S P A N A W R N E E E
U E S S T A Z N H T E D R I
F R H I O W L H O C Y S O R
F D O C Y T S K O O B H Y E
E N O I S I V E L E T I E S
D U P E T E C H I L D R E N
L H R I U V P I G L E T A W
O O R E H T O B R E N R O C
F B R A B B I T I G G E R B

Winnie the Pooh

S M R O F D N A L G N S E B
E E N V I R O N M E N T Q O
C D A W F B I D Q O M S U R
N U O S E I T I C P A A A D
I T D Y H P A R G O P O T E
V I W A T E R E E L S C O R
O G G V T U O C C I C O R S
R N L C E E L T O T S B M S
P O A U D T P I L I E E N D
H L C L U A X O O C T I I S
Y S I T T M E N G S A S A T
S A E U I I D Z Y T T L R R
I L R R T L T S N A S L R E
C T S E A C O U N T R I E S
A A P F L C O C D T D H T E
L I O S E M E S R E V I R D

Geography

P A I N T I N G S I R A P T
C N E N S T I A R T R O P C
L O G B E A U T I F U L D A
A L N T W X C U B I S T G R
S E I T A S P A N I S H A T
S C K T R A N R E D O M L S
I R A Y D O I R E P E U L B
C A M B T D V Q N S F W E A
I B T D O I R E P E S O R A
S L N O L D V A R A M I Y C
M O I D U T S I W S L O O A
U Y R O T S I H T I I O W N
S B P A S S I O N A N A M V
E G E X P E N S I V E G L A
U H L Q M S I L A E R R U S
M M A S T E R U T P L U C S

Pablo Picasso

W Y G Q O Q L J E T T I R D
U F Y P L J L R R F N Q I Z
B D H T F T I S S P I H D X
U G Z E R H H P U S H I N G
T I K E N I H S R E V I H S
H I K E N R H G N I H S U R
I Q F Y O S Q T H P N P P S
R A N I H T B S L T C I Z Q
D P C U S H I O N P H F A Q
X L H H L H D B O C I I S B
X Y I T I S I S I S E A C N
T R C H H E R P H H F T H K
T G K I C R V I S I X H I M
O J E E V I N E A G F E N H
E L N F Q G H N F H P T D W
D O N E L I H W H I P I B A

_HI_ Words

T E K C I R C Y N I M I J Y
P T L P I N O C C H I O C A
U T I A E S D M T G S D H L
P E T T T S S I O A C O I P
P N E R A Y O A S V H N L N
E O R R E L R N L N I K D O
T I A F E H I I G C E E R S
S R T A T V T A A N V Y E E
M A U N O S R A N F O R N G
A M R T Y R I A F E U L B R
E R E A L B O Y C T S T O O
R M U S I C A L N D S H O W
D A F Y O B N E D O O W K S
D G T W N O V E L B U O R T
L I E S S D N E I R F G W H
O C Y N A N I M A T I O N R

Pinocchio

H S T V J P H H K W X A E V
Q G K E N S E A W F S L N C
O E D L E I F O Y K K T U R
F U E R T O R D S C Y T H E
Y E H Z O K G E I U C H F L
V T N D I V D S A L O G U D
L G N I N A E L G P R E R A
E A K E B N M S B I N D E R
L A G P M M H O V I G D H C
X F B R T E O H H W A R T S
P M A G A R L C H O Z N A Q
K F D V K I A P O M M O G P
Q L E D E M N C M U G S O D
V S A O W H E A T I S R R T
P R T T O O L U X O C E I D
K R H L S D A C N V R P U M

Reaper

R V I N T A G E F R U I T S
X A H D Q P G N I N U R P E
J K G A B S R E T S U L C L
E N P E R L A I N N E R E P
L I R W N V P L A N T S T R
L R E V V I E A N G D N C U
Y D S A I C V S U E S I A P
S O S R N D I M T N E S R R
E O E I E J N N R I E I T O
N F C E Y A E B I D D A X D
I N N T A M E U T A L R E U
W I A I R S R N I C E H S C
H K R E D I G C O S S V O E
I S F S S F P H N U S L U A
T A B L E N O E R M O S R T
E F K C A L B C U R R A N T

Great Grapes

A R Y D U T S E U T R I V S
N R E B I T S D J L I F E Y
Q O G L U L S E U L A V T M
S T I U I S E X D Y A I H E
W R T T M G I M G N R W I D
S U M C C E I N M G U D C I
O T O E U A N O E A L E A C
C H R P L D S T N S E R L A
R E A S T T N C T C S U M L
A O L E U I O O I U C S G D
T R I R R D I T C T I A R E
E I T V E D S H S N I E E I
S E Y S A U I D O I A L V L
J S H B J H C D O L R P O P
R E P O R P E R S O N A L P
E D E A T H D B T H G I R A

Ethical

Y G E N K W D B L B O W M W
F S T I C K O X D Y N O M D
E U M S T E N S I O N O U F
P C E O F R O G R I P D T J
J L N R O L E L D D I F E E
P A A A A T N C W P L U C K
P S S Y M P H O N Y U Z H D
E S V I B R A T I O N P N R
R I A H Y R O V I N C U I O
F C X L O N G F L I O L Q C
T A P S T R U M R S U L U D
W L S C E V I S N E P X E K
A A E E C I T C A R P V N O
B I A L G O A T W A R D O V
Y K S L W L R N D U D E T H
M T S O H A N D C I S U M Q

Bow

S U B J E C T I V E L Y T S
Z N S T I A R T R O P I L L
A N G L E S C U P A C O L I
C O L O R A T A I L T A E G
V I A V R A L N A S L N C H
I T A T R E T U A F I O H T
S I S E T I D P R Y O I A T
U B T T N E M E V O M T R A
A I E G M I D R A R S I I S
L H S O M S A C N E R S V S
A X N A I R A E G L E O A A
R E G S T N A P O S T P R C
T E L I V O C T G I N M I Y
S E S A G E D I H U I O P R
Y T S P E R I O D O A C G A
S E P A C S D N A L P U E M

Impressionists

D U E G P R E K A R A C E J
J Y S B I R E N T R A F T R
O S A N A R I D V A L C O O
B C K R I P A R A I N A K W
P F A M F F I T A D D Q E O
E J Y L C S R R S A R E A R
C H R O K R O B R E L Y R H
C P W A M A D E E R R I C E
R J K G M N P S R A N I K Y
V P B D G B Q Q A G R A W A
U Y C O B R T H U N I I E W
T C S Y L B F R N T S Z P D
I F M X H V X U W D E Z W E
U L B A J Q A N U S Z R V R
R X X H V V Z O I D M A K U
R Z F K Z L E V A K R L O B

Starts with an *R*

H G S T N P Z G W I X N B N
W S S E A P U J S M E F L C
S H E E F F O C T V C I M M
J R R R K F B R O W N R B X
G C P B F C R X J B R E W R
I D O O G U A D N I R G H W
F U L L E N Z L I T A C D R
M Y R D O Z I W B T R K F O
T H G I L R L L S E A N E A
Y C X B T O P I O R B F N S
S T R H E V R L D O I H O T
H A M O R A L B W L C P N A
J B G K B L N L T D A R K E
T A S T E F M E D I U M L H
Z T V M F P R N D B O D Y J
O D S A K A I D I C A F E X

Coffee Roasting

E T A C I L E D E S I G N S
G N I D O C U M E N T S P R
A E B Q W O G F F A S I A N
U I E F L O U R I S H T R I
G C E Z T E R E R T Y E C B
N N V H P V V D E I U B H I
A A I T P I R C S U N A M N
L C S T T T H D R T F H E K
P C S A I A R S R O Y P N B
R U E N K R O A N A M L T R
A R R A C O W T L A W A E U
C S P M A C S D F A M I N S
T I X E L E G A N T U N N H
I V E S B D R E P A P S E G
C E T Y P O G R A P H Y I P
E S E N I H C A R T I S T V

Fancy Writing

W S Y F Y R E V A H S D I K
O O A I D E M U F R E P O T
H N S I S T E R E H T O M O
S S T N A N G E R P L P R U
M U S I C I A N T A O S Y R
X B L O N D G M E P U T C E
A C T R E S S C E A I A O C
D I V O R C E D N R S R M O
A W A R D S N S B A I S E R
P O P U L A R E J Z A C B D
T O E D I V L X I Z N A A A
D S Z B H E P Y V I A N C N
S Z I I C O N C E R T D K C
P R E T T Y S M U B L A K E
O S U C R I C M T V B L M R
O F C J F A M O U S G U R D

Britney Spears

N W W W W A T E R F I E L D
T Y A O Y Z W T R E Z T V Q
A A T R E E D H A R V E S T
L M E G B B Y A G U C H K U
L U E H N O F N U P U C C O
H A W A I I I O S I T A J T
W E S R W B K L O X T M H S
S P E C I E S O I D I T Y E
Y R T S U D N I O N N E B N
P N A E B B I R A C G E R I
L P V S C T I S U O R B I F
L A I N N E R E P M P N D E
I R T A A O P C U B A O S R
M O L A S S E S C I P O R T
U P U C I I S L A N D S X C
R E C C A J U I C E N A C X

Sugarcane

K C H A N G E S C I S Y H P
R E V E L E M E N T A R Y L
Y D H A M E G D W U V K A A
R E E N I G N E E S M C C N
D V L A E D I M R E W O P E
J I P L E E D I C F M L S E
R C F I U W L H S U E C N T
A E U N Q P I C I L I E G N
D W L V R I U R X N R N O E
V H O E O B B A A G V I U M
A E A N T I A H Y E T L T E
N E D T L E C S C C G C P V
T L D I R E C T I O N N U O
A E U O M W O R K C E I T M
G Q Q N W R F T O V I P Q S
E D U T I N G A M F Y S A E

Simple Machines

L S P O R T J S N O S S E L
N L F S A A G N I L L A F S
A N I E C N A D O I C U D E
X M S K E F K L P O N R S D
Q I E S S J Y P L A K E I A
T T V G D M E D A L S T N L
U T R N P R G E R I F N O B
R E A I Y L A N J D F I B O
N N C G S P A W I U U W M U
S S S G L E J C K L M M A S
C D H E H I V M E C R P Z W
I N E L G E D O O S A I S E
S E L B M U T I L V E B W A
U I M C O A T S N G E X O T
M R E E R A J U D G E S N E
R F T D H B S P I N S V S R

Go Ice Skating

V P R U L S D I K L I M P J
F U N U H K O C O M M O N L
H C B O F L E X I B L E J L
S T R A I G H T Y Y Y T S I
V T U D M I V R P S R A P U
D Z L O E B E R A S E D O W
I E L I M P O N C A S I O X
K D P M A P I O B L T S N C
S N P P Y T N R S G A P S W
W E I L A T K P T T U O T L
A B E R A R K C U S R S R R
T N Y I D C W S O D A A A J
E V N E R D L I H C N B W U
R E G A R E V E B U T L S I
R R Z P I S T I R P A E H C
A Y P Z B Q H O L L O W L E

Drinking Straw

E C A L L B R W H I P T A R
R S R O L I A S T R O N G T
A E U L I N H T Y I N G J I
U U H A K D R T F L O O S E
Q E H T S I E A G R I M C S
S F I K E N L N Y N A W N C
X I T N T G I A I R E Y A O
E S C I S V O N I B O R U U
L H H L A P G T B R V G T T
B E Z E I L I I R R E P I S
U R W L G M N H G O R T C L
O M S A E G B F S R H H A O
D E C O R A T I V E A C L M
G N I R U C E S N I N N N S
R O P E S T R I N G D U N A
P T S I W T I G H T S A M Y

What Knot

S E P A R D F S I L L Q D N
P D A L K C H A D A D T E Z
D I S P L A Y S H O D P S Y
R S C H U R C H S O O H Z A
R T I T Y Y N D A L U R Z H
D U T E U E I K A T B S S W
W O S N S R I T D G L D E J
Y A A O G V E E J W E I A N
M O L W A M T Y B S V N L F
L C P L N N D N I L B V A V
T Y D S I I E G L S Z F C P
C T N T H C N E R F S R S L
T H G I L A I G R K A A O Y
K S Y E V R D U P C U M L H
Z U A R O I M E K O S E A G
U N B E L P K H S L C A R W

Window

S Z M F S H I P O T V Q G Z
Y S T O R A P S E A D O S R
A W T R H Y V B E G E O Y E
W N C E O E A N E Y E C T T
L I A S R P P C A G P E R A
R G P R E N O O H C S A Y W
D T T B A L Y P R T V N T P
B D A N M M I Z Z E N I A M
G N I C A R A P L J Z J L D
D I N B V E R T I C A L L O
Q W O J Z A I G A R I P Z O
Y W I E D M G X E C S K V W
O E E A B E J W L P E C U R
J R R E R H O I S T N E F S
B C R I C L M R C H I D W O
L W G L G B E H P O L E Q A

Sailing Mast

Y T I S E B O S Y R U P S Y
G L U C O S E I K O O C B D
F B E R A G U S N W O R B N
O D E S S E R T D N A Y E I
O I T H O A T E F G S S E L
D N S O W T R E U X E T T U
E G W N O E C S A B S A S S
S R E E D T E U U M S L U N
S E E Y I N H C R D A L G I
E D T O A O R D X F L I A F
C I N C L A E R E C O N R L
O E E O G N I C I C M E C A
R N S U S E I R O L A C A V
P T S U G A R B E E T Y N O
I B A K I N G N I N I F E R
E W D L L A C T O S E K A C

Sugary Sweet

H L A C I S U M R E H T A F
S K O O B R I T I S H M K A
I S C H I L D R E N G I G N
L O A L L E R B M U T C Y T
G N R S N I U G N E P H A A
N G O Y E N S I D T L A W S
E S U F F R A G E T T E D Y
O T S L B O D A N Y R L A E
G E E O E Y V M O N A E O N
N A L A R P E A D N V G R K
I P E T T P N G N A E A B C
C A N I M A T I O N R T D O
N R A N G H U C L A S S I C
A T J G C A R P E T B A G A
D Y T U P P E N C E I V O M
G N I G N I S K N A B R M D

Mary Poppins

S E N O B I O F A C T S U D
S T U D Y R E V O C N U A L
G N O I T A V R E S E R P O
E R U S A E R T N J C V A A
X L D C I T Y T O H F E N N
P A I N S T A K I N G Y C A
L N S V T L R T T F R A I L
O D C G S A E D A T A N E Y
R S O R I C C D V H E C N S
E C V O T I O I A C G E T I
M A E U N R V G C R A O P S
A P R N E O E G X A N E Y A
I E Y D I T R I E E O M G N
N S Z Z C S Y N A S R O E D
S E T I S I D G D E I R U B
Y M M U M H E W T R E S E D

Dig Archaeology

M Q F G U Y E M A G A L E L
M B G A R E N M A A Q T P E
W L E P R I N I E N G A Z E
A B T N G H N U V G A T E G
K I L Z O R L N I N V T R L
G Z S E O G D F G G E A R O
O F A T X R T U O E B I F W
D R V N M A N L D R G L A D
L S G S D N D E U M O O Y G
K A B N Q V M X T G A Y A G
G V D F U V P Z O R T S R L
M R N G F G G O G I K E G C
N K V Y E R D Y U M W B R T
Q I O E N F L C M A D E I F
V S O V T W U J Q K B C P U
R N M Z O T E H G K E T U L

Starts with a *G*

C L T S Y A W B U S K S P D
O N A B R U X G U E Q G P A
L P L G K E N C N G G N I M
O O E B E I T I A A N I C A
R L N N C L D T M M I D T G
S I T A M G L S E I G L U E
E C F C I N W I S L G I R A
G E S I I I C T S N A U E X
D G Y R O T I R R E T B S S
I N M E Y N I A E A L N L E
R I B M L I M E N A G Y T G
B T O A G A N G S I T E T A
C I L B U P I D S O E I Y S
O R S A L S R E K R A M V S
O W A L L S D U T C R I M E
L C T R A I N S S L A R U M

Graffiti

O S E C A L E G Z P U M P S
E O N S Y T R O F M O C P S
A F N E Y N I S A C C O M G
Y H A H A R D T G F R O G W
N E N S E K E Y M T D A V B
C E K O H R E I S A R C H O
Q L S L I I U R S M T I I O
A S O A A H O N E O K E R T
O U L G N W S N N E H U E W
B P J I H D T U T I B N O F
M P R D P T A K C B N O H O
U O O P U P M L E I D G S O
E R L O A F E R S N I K E T
X T O G A R O R A W C C Z I
W S C O R C T R V W V O I F
S C K L H B B S K G M S S J

Footwear

I R O T C A C N K S T V D K
R I C H H I S T O R Y I A D
D K I K P R D M A S V D B B
K L L E C A I N U Y E E C T
D C O A N O A L M B A O O B
M P A C W I R M L T L S U Q
E U I L D N A C I E C A R S
X N S N B R O T H E R S T L
G Y I I G N V O L Q X A I A
V A C A C T S E M C R Q U I
N O R E M I B U B B L E S R
N W R T N R A P R E J P W T
I T O G I N E N H G E D A I
S U I T E S B J H P E A L T
R N Y W O K T E C N I R P O
G H S U O M A F A M I L Y U

Michael Jackson

D R U M S P O D N A L G N E
W I H S I T I R B Y R E O M
J P P Z L R I E R G W C D T
S T Y L E A K I R Y D N N A
G E S B H W C E O C L A O T
N C E C A S E R C O I D L T
O L O H R N K E K O W N E O
S I O N D E D O M L G P G O
M M D A C U A S U H O F U S
V L Y A O E Y M S L T A I E
I E Z L R B R H I D H S T A
O A N G E R A T C N G H A T
L T H S O M I S S R G I R T
E H T H E C L A S H A O S L
N E W W A V E M O G E N R E
T R A L U F H T U O Y S A V

Punk Rock Music

O S N V D H C L F J E S U S
H R F M A F A W I N G S H W
P Y L L I N Y O C N D M E E
U B O C R C G M I L S C R E
R U A E R O H E U E O H A T
E R T E O M B A L S H U L W
V E M D S F R C E I I R D I
O H C I T O A R T L C C O S
L C N H B R E D L U O H S E
P G U E I T C E T O R P W L
U N S M Y L N E V A E H E B
Y I E C N A D I U G I I N I
Y Y T E P M U R T T R K I B
V L U F I T U A E B I P V F
R F O M B W F Q A N A D I N
V E A H N W O G D L O R D D

Angelic

Z Z T C M B T N D N S C T A
E R O C O I L S O I C O L D
E E N I G N E R F M U O Y I
E L L Z I C I R T C E L E U
Y E L I B O M O T U A T F Q
R G R I T N E M T R A P A I
E N R U R I Z U E L R E T L
P A E E T G E T U B E S H A
P H T P N A E C I F T W E R
O C A I P E R E F S N A R T
C X W P A I F E L L I R M N
D E V I C E I A P C W M A E
C O N V E C T O R M I T L C
B U I L D I N G T A E H O P
V F R A D I A T I O N T E H
P M A E T S F E C P U M P V

Radiator

V T R O H S G N I T I R W E
S O E D I V Y R O T S O E L
U P D A T E P Y T N T H B P
I I H A A F F O R U M T S O
T C C O M M E N T S S U I E
V S C O M P U T E R E A T P
M E D I A S N L N L G S E I
T A N N O A C S A D A C C C
A R K T R I G N K C M I O T
L C O E T E O O D N I T N U
K H F R Y S T O S V I I T R
P I A N R B P T Y S N L E E
L S W E N C O P I N I O N S
J T P T Y L I A D W U P T I
W E B L O G G E R S T S O P
T C E J B U S R E D A E R P

Blogging

X W U J H D U O L Z S E B C
H A H C O L O R S W X W A B
S T R O S T E N T O O G U E
A E F M P F E A T H E R S G
P R A O E N F I R G G K D G
L U N M C R C J Q N C I D S
A Q I A I G W B F I I Y L B
R D M C E F I B R G R N E F
G C A A S R L T R N L A G C
E N L W D T D G N I K L A T
U T O S R W E S O S G E I F
L Z R R N E D P Z G T H R B
B Z A E T E P L A A F U T I
F O X Y E S E E M C I M I M
T O Y S Y S R R A T C E N Y
N S I P P G M K G T S E R C

Parrots

H K F I A H E L C A R I P S
C T E N Q S E A W A T E R W
A E E T U A T T A C K S E I
E G R E A T W H I T E K D M
B A V L T Z W C D V R A A M
B C E L I F O O D A E N T I
T I R I C U O N H H T I O N
U B T G I L L S R T N M R G
O U E E B I R E W O U A L O
N L B N A E M R G O H L A C
S L R T G M D V Z T R S R E
Z I A I A Q U A R I U M G A
R K T H C A R T I L A G E N
A U E C A R N I V O R O U S
E P L A N K T O N U R S E R
F L O R I D A N G E R O U S

Sharks All Around

L S N A O L A R E D E F L U
S E F A I L I N G I T M O N
R C O M P U T E R S A S O I
G N I D A E R R E T V T H O
N E H M I A L D H R I A C N
I I E S E P O L C I R T S S
T C A M V D C I A C P E R S
I S L A I H A H E T S E T E
R U T X S W L C T S Q G Z C
W M H E N M D R A U N E I E
B M I N E I A L I I T L G R
O E S G P R C R D E B L R S
O R T L X B E N G U E O A T
K A O I E D U H P O D C D U
S M R S A F R E E E R G E D
A X Y H T U I T I O N P S Y

Educating

R F L N C C E G A T L O V T
D J O O O P H C D I M S W O
B E E L N I C A O M A I I W
G L V Q D G T I N S G G R E
T O I I U I K C T N N N E R
U P M H C I N L E A E A W A
N D P E T E P G A R T L O D
E R E R O D C M O T I S P A
L A D T R M I I E L C D O R
E C A Z E V A W R N A G R E
M U N I M U L A D T T N T V
E R C F R E Q U E N C Y A I
N R E D U T I L P M A E B E
T E X T E N D N U O S B L C
S N O I S E V E H I C L E E
P T S U J D A E R I A L B R

Antenna

G P I F N Q N E V F O Y M F
J L D Q L O S K W R W S Y Z
M X M O D O O L B O Z O O W
T O O H O O O P O O H P O C
C S O G C K F R S T O O A L
E S S N V C W O P V D T Y T
F S E V H U O L O O K E P M
K L T O C C D O O R N O M N
D O O B M A B G L O O M V H
R S O O O M M K O L O O L V
E L H R D O O D O D N Y M U
E E S T B O K O F O O T X W
L C P S H B O O T P O O R P
Q G G J B T V F W W S L M H
N A P S E Y V D M C J R O W
H C N C X B B B U Q I D Q Y

***OO* Words**

Z W Y T L O N G H T E E T P
E Y E S C A L E S G T J R O
E N I C I D E M D A I A E I
S U O R E G N A D R B W S S
E G G A R T E R S N A K E O
C A R N I V O R O U S G D N
V N J C O R A L S N A K E O
E I G N I T L U O M P D J U
N M R G N I D N I W E D I S
O A E K A N S E L T T A R A
M L P P S A L S K I N J Z J
O I T L C I C H O R D A T A
U A I C O T T O N M O U T H
S M L C B D Z S G N A F B H
Y T I P R E T A W D E H S W
A T A M A U Q S N O H T Y P

Snakes Alive!

P Y S G N I R T S D R O H C
I N S T R U M E N T B J W H
A O O S H A R P T R A Z O M
N B L I E G N D S Z B O O P
I E M O S I I D Z L Y T D E
S Y E H S S R R P P G R P D
T A L C Q A U O P I R E E A
B W O A O N B C V U A C R L
L N D B C A E Z R I N N F S
A I Y O T I E B S E D O O C
C E P R A C T I C E P C R A
K T E U V I H W H I T E M L
Y S S R E S O P M O C O A E
N A G R O U V C H O P I N S
C F H A M M E R S E R O C S
X B L P I A N O F O R T E O

Perfect Pianos

E H M S N X J A L V P S Y V
L O O H R W T N R E E R T R
A M X A A Y Z E L E T O H A
T E M C B R I D G E F O M C
I P G K V E H I C L E U M O
P A D A L L J X N V L K G V
S O P B R I O G Q Y S D X E
O D T A Q A P N S T R U Y R
H N U S R R G A R J M M E O
O O N E S T W H V B O A C O
U C N M F U M R R I O N I F
S D E E O T B E T Z L S F L
E D L N I H L V N T G I F B
X O B T T L V O E T I O O N
C O T T A G E F T Q U N R N
S H E D P R A T V V Y H T I

Things That Give Shelter

Y B V C A F H E A D U I P G
U W X D O A N R E G N I F B
R R M O N L P A J Q N N R U
O I T D K U N P G T E A Q T
U S A E C B Z U E R I R S A
K T P D E I D S V N O M B O
N S K I N F T E I S D D I R
F L E S N I S G T B O I E H
Y Y U S N E X L S M L V X T
R C S E B H S A E I I R B E
T P S C O T A N G L E T E E
F O I T N U S D I D L N L T
E O T I E O J S D E K U I N
B L O O D M G A Y M N B K O
B J A N S L L E C G I S M S
T E Z W O B L E L A P D Z E

Anatomy